KB217133

증산도 太乙郎 입도 수기집

구도求道의 여정旅程 그리고 만남

일러두기

◆ 제목 아래에 입도入道 계기에 해당하는 키워드를 실었습니다.

◆ 이름 옆 ( )안에 나이를 실었습니다.

◆ 이름 아래 순서는 다음과 같습니다.

··· 고향 / 직업 / 입도일 / 소속도장

◆ 입도일은 도기道紀로 표기했습니다. 도기는 상제님이 인간으로 오신 해를 기원으로 합니다. 바로 1871년 신미辛未년이 도기 1년입니다. 따라서 2017 년은 도기 147년이 됩니다.

증산도 太乙郞 입도 수기집

구도求道의 여정旅程 그리고 만남

발행일   단기 4350(2017)년 12월 20일 초판 1쇄
발행인   안경전
발행처   상생출판
편 집   증산도 편집부
주 소   대전시 중구 선화서로 29번길 36(선화동)
전 화   070-8644-3156
팩 스   0303-0799-1735
출판등록 2005년 3월 11일(175호)
ISBN 979-11-86122-64-8 (04290)
ⓒ2017 상생출판

증산도 太乙郎 입도 수기집

구도求道의 여정旅程
그리고 만남

상생출판

서 문

　인생은 만남의 연속이다. 새로운 만남을 통해 인생의 새로운 막이 열린다. 인류의 역사 역시 만남을 통해 새로운 차원으로 도약했다. 위대한 성자들과의 만남은 동서양 인류에게 새로운 문명의 장을 열어 주었고 위대한 지도자와의 만남은 시대의 전기점을 열어 주었다. 이제 가을 개벽을 앞둔 인류는 새로운 분을 만나야 한다. 기존 성자들의 가르침을 극복, 통일하고 새로운 우주의 꿈과 이야기를 전해 줄 바로 그 분을 만나야 한다.

　지금으로부터 150여 년 전, 동북아의 조선 땅에서 우주의 새 시대를 여는 위대한 선언이 있었다. 1860(庚申)년 음력 4월 5일 수운 최제우 선생은 천상의 상제님과의 '천상문답天上問答' 사건을 체험하고 동학을 창도한다.

　　"유도 불도 누천년에 운이 역시 다했던가" (『용담유사』「교훈가」)
　　"십이제국 괴질운수 다시 개벽 아닐런가" (『용담유사』「안심가」)
　　"어화 세상 사람들아 무극지운 닥칠 줄을 너희 어찌 알까보냐···
　　　무극대도 닦아내니 오만년지 운수로다" (『용담유사』「용담가」)

　수운 선생은 '다시 개벽'이라는 우주사의 대전환을 통해 후천 5만 년 무극대도의 운이 열린다고 외쳤다. 무엇보다 놀라운 동학의 가르침은 수운 선생이 천상의 상제님으로부터 받아 내린 주문 13자에 들어 있다.

　"시천주 조화정 영세불망만사지侍天主造化定永世不忘萬事知"

　시천주 주문은 동방 한민족의 9천 년 상제님 신앙의 열매이자 동서양 모든 종교와 가르침의 최종 결론이다. 이 주문의 뜻은 '천지의 주인이신 천주님(상제님)을 모시고 새 세상 조화의 운수를 정한다'는 뜻이다. 장차 인류는 '인간으로 오시는 천주님을 모시게 된다', 이것은 너무나 파격적이고 우주적인 대선언이다.

드디어 1871(辛未)년 조선의 남쪽 전라도 땅에서 대우주의 통치자 상제님께서 인간으로 탄강하셨다. 바로 그분이 증산 강일순(1871~1909) 상제님이시다. 그분이 열어 주신 통일 진리, 열매 진리, 구원의 진리가 우리가 만난 무극대도 증산도이다. 뭇 성자들의 가르침과 동학의 선포가 현실로 이루어진 것이다.

본서는 증산도 태을랑太乙郞들의 다양한 입도 사례를 모았다. 태을랑은 가을개벽기에 인류를 구원하여 후천 5만 년 새 역사 문을 여는 주인공들이다. 형형색색처럼 다양한 그들의 인생 사연들을 읽노라면 말할 수 없는 큰 감동을 느낀다. 그들이 구도의 여정에 나서게 된 출발점은 각기 다르지만 모두들 하나같이 같은 종착역을 향해 달려왔음을 알게 된다. 그 종착역은 바로 '천지의 열매요, 우주의 결실이요, 천지를 담는 그릇'인 참진리 무극대도를 만나는 것이다.

먼저 2014년에서 2016년까지 〈월간 개벽〉에 실렸던 입도수기를 크게 6가지로 분류했다. 그 6가지는 증산도를 만나게 된 계기를 인연(지인의 인도), 상생방송, 진리 서적, 선천종교 신앙, 가족의 인도, 인터넷 검색 등으로 나눈 것이다. 물론 진리를 만나기까지의 사연이 한두 가지로 정리될 수는 없다. 6가지 분류는 편의상 분류임을 밝혀 둔다. 아무쪼록 이 책이 진리를 찾아 방황하는 분들에게 큰 희망의 등불이 될 수 있기를 소망한다.

도기 147년 12월
증산도 편집부

차례

Part 6. 인터넷의 바다에서 진리를 건지다

특별부록 가정 도장을 찾아서

▶ 마크가 있는 사례는 해당 페이지에서 QR코드를 통해 동영상을 시청할 수 있습니다.

太乙郎

천산의 위엄은 백두대간을 뻗어 내리고
9천 년 굽이돌아 흐르는 아리수는 아직
그 꿈을 다하지 않았다

솟대 드높은 소도의 기도
메아리가 되고
산하를 밝히던 삼족오 붉은 광명
그림 되어 남았지만
구천 년 이 강토 대지에는
삼신의 가르침
아직도 면면히 살아 숨 쉬어라

동방 한민족사를 개벽한 배달의 홍익 제세핵랑
옛조선의 국자랑, 북부여의 천왕랑,
고구려 조의선인, 신라 화랑…
천지 역사를 수놓은 한 줄기 단심丹心이여!

이제 누천 년 역사의 숨결 넘어
새 시대를 개척하는 거룩한 천지 일꾼
상제님의 꿈을 가슴에 안은
영예롭고 자랑스러운 이름
태을랑!

註 - 도기 146년 음력 3월 26일 태모님 성탄절에 태을랑 헌시로 낭독되었다.

북녘 칠성별은 생명의 하늘
태을랑은 인류 구원 의통성업 인존 칠성
그대들의 숨결, 그대들의 손길
천지조화 새 문명을 개벽하는 불멸의
태을핵랑군

그 충의와 용맹, 불굴의 정신으로
위대한 서원, 늠름한 행진
우주 가을 장엄하게 열어
우주의 꿈, 도솔천의 천주 미륵님이신
상제님의 대이상을 펼칠
태을핵랑이여

도도히 흐르는 저 천지 역사 강물 위에
붉디붉은 빛으로 타올라라!
불멸의 영혼으로 다시 태어나라!
거룩한 일심으로 앞길을 비추어라!

상제님 도의 조화의 근원이신
태을천 상원군님의 천지조화 성령의 성수로
성사재인 성경신의 도법으로
불운의 선천 역사 천지공사 따라 끝막고
다가오는 대인대의 상생의 후천 선경!

상제님, 태모님, 상원군님, 태사부님의 사도
천지일심 천지 일꾼 태을랑이여!
광제창생 세상을 개벽하라,
일만 이천 천지 불멸의 성신이 되어라!

PART 1

인연因緣,
생명의 손길

❝ 상제님 일은 죽는 세상에 살고, 살아남은 후에는 잘살고 복 받는 일로 하늘과 땅이 생긴 이후로 가장 비전 많은 일이다. 전만고에도 이렇게 크고 비전 많은 일이 없었고, 후만고에도 이렇게 비전 많은 일이 있을 수 없다. **❞**

― 안운산 태상종도사님

증산도는 천지의 이법을 집행하는 곳 (8분 28초)

"증산도 동아리에서
세 번 놀랐어요"

동아리, 역사, 팔관법, 조상님, 수행

이지민(21)

충북 제천시 / 대학생 / 145년 음10월 / 청주흥덕도장

  증산도를 처음 접하게 된 계기는 학교의 동아리 가두모집 때였습니다. 동아리 홍보와 함께 신입 회원을 모집하는 현장 속을 지나가던 중 저는 우리나라의 역사에 대한 간단한 퀴즈를 내고 있는 동아리를 발견했습니다. 나름 역사에 대해 자신이 있었던지라 자신만만하게 도전했지만, 문제의 내용은 제게 정말 생소했습니다. 배달, 환국 등 들어보지 못했던 것들로 가득했기 때문이었죠. 이후 동아리에서 어떤 것을 배우고 활동하는지를 간단히 들으면서 저는 수행보다는 역사에 이끌려 동아리에 가입하게 되었습니다. 교과서에서 배우지 않은, 숨겨진 역사가 어떤 것인지 궁금했기 때문이었습니다.

  동아리에 가입하고 나서 제가 여러 번 놀랐습니다. 저는 이미 다른 동아리에 가입을 하고 활동을 하고 있었는데 동아리 방의 바닥에 장판이 깔려 있어 좌식 생활을 하는 증산도 동아리방의 모습에 한 번 놀랐습니다. 그리고 단군 조선 이전 약 5천 년의 역사가 기득권층에 의해 제대로 알려지지 않고 있다는 사실에 두 번 놀랐습니다.

마지막으로 태을주 주문을 읊는 방법을 배우면서 세 번 놀랐습니다. 역사에 대해 배우는 것은 재미있었지만 수행은 오랜 시간 동안 앉아 있어야 했기 때문에 힘들 때가 많았습니다. 회원 가입 후 따로 시간을 내서 팔관법 진리 교육을 받았습니다. 사실 교육 시간은 즐겁다기보다는 조금은 끌려서 나간다는 기분도 있었습니다. 그러나 처음으로 도장에 방문하여 수행을 본격적으로 해 보면서 가지고 있던 생각들이 바뀌기 시작했습니다. 팔관법에 관한 이야기를 듣게 되면서 나 자신의 행동과 그에 따르는 책임감을 더 가지게 되었습니다. 특히 팔관법 중 신관 부분이 제 생각과 행동을 고치게 되는데 큰 부분을 차지했습니다. 타지에서 생활하면서 외롭다고 느낄 때가 많은데, 이제는 곁에서 저를 수호하고 인도해 주시는 조상님이 계시다는 것을 알게 되었습니다. 누군가가 옆에 있다고 생각하니 든든한 마음이 들게 됩니다.

　또한 후천 개벽을 통과하기 위해 조상님들께서 저를 이곳으로 인도하셨다는 이야기를 들으며 우연과도 같았던 만남이 사실은 전부 계획된 필연이라는 것이 무척이나 신기했습니다. 입도하기 전 7일 정성 수행을 무사히 끝마칠 수 있도록 저를 이 자리까지 인도해 주신 최 성도님과 수석포감님, 그리고 동아리에서의 만남으로 인연이 맺어진 다른 성도님들을 포함해 모두에게 감사의 인사를 드립니다. 앞으로 열리게 될 새로운 시대를 맞이하는 의로운 일꾼이 되기 위해 열심히 수행에 정진하겠습니다. ◎

모든 것이 상제님의 뜻이고
조상님의 음덕

카톨릭, 청수, 칠성님, 태을주, 상생방송

김나순(72)

중국 하얼빈 / 주부 / 145년 음10월 / 부천상동도장

 제 친정집은 8대째 내려온 가톨릭 집안입니다. 어려서부터 신앙생활을 열심히 해왔습니다. 22세에 지금 남편과 결혼하고 3형제를 낳았습니다. 17년 동안 부유하게 잘 살았습니다. 그러다 남편이 하던 사업이 어려워지면서 부도가 나게 되었습니다. 어려운 가운데도 신앙생활을 열심히 하면서 최선을 다해 그야말로 오뚜기 같은 삶을 살았습니다. 부도가 몇 번 더 반복되면서 있던 재산 다 없애고, 마지막으로 집을 팔아 정리한 다음 다섯 식구가 월세방으로 이사했습니다. 하지만 항상 우리 가정에 건강 주시고 화목 주시어 감사하다는 마음으로 열심히 살았습니다.

 어느덧 큰아들이 장성하여 대학원을 무사히 마치고 결혼을 했습니다. 집안이 어려워 4년 내내 장학금을 받을 수 있는 대학에 하향 지원하여 입학하였고, 3형제 중 가장 똑똑하고 효자였으며, 집안의 자랑이던 큰아들이었습니다. 그런 장남이 결혼한 지 4년 만에 교통사고가 나서 하늘나라로 가고 말았습니다. 큰아들을 잃은 상심은 이루 말로 할 수 없었지만, 하느님께서 제일 똑똑한 장남을 큰 도구

로 쓰시기 위해 먼저 데려 가셨다고 감사하며 열심히 기도생활을 했습니다.

그렇게 1년이 지난 어느 날 문득 저는 이것이 아니란 생각이 들었습니다. 그때까지 가슴속에 억눌러 있던 자식을 잃은 상실감과 하느님에 대한 원망이 복받쳤습니다. 그 후 그렇게 마음을 다해 신앙하던 하느님은 제 마음 속에서 지워졌습니다. 정말 깨끗이 지워졌습니다.

시어머님께서는 연달아 딸 다섯을 낳으시고, 대를 이을 아들을 얻기 위해 장독대에 청수를 모시고 칠성님께 빌어서 그 정성으로 제 남편을 얻었다고 하셨습니다. 남편의 등에는 선명하게 칠성 모양으로 털이 나 있었습니다. 결혼해 살면서 종교 문제로 남편과 다투기도 많이 했습니다.

그러다 큰아들을 저세상으로 보내면서 제 스스로 가톨릭 신앙을 접고, 절을 찾아갔습니다. 열심히 부처님께 기도하며, 신심으로 부처님을 모셨습니다. 조상님 천도제도 여러 번 해드렸습니다. 그렇게 또 여러 해가 흘렀습니다.

2014년 10월입니다. 남편 발가락에 무좀이 생겼는데, 급속도로 통증이 심해져 갔습니다. 병원에 입원해 검사한 결과 녹농균에 감염이 되었다는 말을 들었습니다. 입원해 치료를 하는데, 어떠한 항생제도 무용지물이었습니다. 통증은 날이 갈수록 심해져만 갔습니다. 의사선생님은 발가락을 절단해야 한다고 했습니다. 발가락 한 개를 잃어 병이 나을 수만 있다면 괜찮다고 생각했습니다. 발가락 절단 수술을 했습니다. 그러나 통증은 24시간 계속되었습니다. 결국 1개월 만에 종아리까지 절단해야 한다는 청천벽력 같은 통보를 받았습니다. 그렇게 해서 계속 잘라 올라가다가 몸으로 전이되면 죽을 수밖에 없는 무서운 병이란 걸 그때 알았습니다. 제가 다니는 절의 법사님께 말씀드렸더니 너무 성급하게 결정하지 말고 차분하게 기도하자고 하셨습니다. 기도 중에 자르지 않고 나을 수 있다는 응답을 받고 퇴원했고, 민간요법을 백방으로 찾으며 치료를 시작했습니다. 2주 후 검사 결과 더 나빠지지 않았으니 하던 대로 열심히 하라고 병원 과장님께서 용기를 주셨습니다. 열심히 치료하고 두 달 후 검사를 했습니다. 뼈가 녹아내려 결국 절단해야 된다고 했습니다. 그러나 그렇게 포기할 순 없었습니다. 서울대 병원에서 다시 재검을 해 보았지만 역시 절단할 수밖에 없다는 결론이었습니다.

어떻게 해야 하나 걱정을 하고 있는데, 두 번째 민간요법을 접하게 되었습니다. 그 방법으로 차츰 통증도 줄어들고 진통제도 줄이고 많이 좋아지고는 있었는데, 상처에서 악취가 지독하게 나서 온 집안이 썩는 냄새로 진동을 했습니다. 아픈 상처에 혈액순환이 되지 않아 나쁜 피가 고여 있어 악취가 나지 않는가 하는 생각이 들었습니다. 피를 빼야 하는데 방법을 찾던 중 지인으로부터 태림연수원을 소개받게 되었습니다. 연수원에서 원장님과 상담하고 정혈을 시작했습니다. 환자를 휠체어에 태우고 1주일에 한 번씩 정기적으로 정혈을 하러 다니는데, 네 번째 연수원을 방문하는 날은 휠체어 없이, 목발을 짚고 걸을 정도로 좋아졌습니다. 너무 신기하게도 상처가 아물어 가고, 악취가 줄어들어 갔습니다.

그런데 원장님과 종교에 대한 이야기를 나누던 중 태을주를 읽으면 남편이 완쾌되는 데 반드시 도움이 될 거라고 하셨습니다. 처음에는 사이비라고 생각을 하였습니다. 그래도 궁금해서 원장님께서 권하셨던 상생방송을 찾아서 보았습니다. 방송에는 역사 이야기가 나오고, 조상님을 잘 모셔야 한다는 이야기도 나와서 사이비가 아니라는 생각이 들었습니다. 남편은 정말 일심으로 태을주를 읽었습니다. 7번째 정혈하러 가는 날은 지팡이 하나만 짚고, 걸을 수 있었습니다. 9번째 정혈 후 드디어 지팡이도 없이 그냥 걸어 다니게 되었습니다.

그러고나서 병원에 8개월 만에 방문하였습니다. 과장님께서 죽었는지 살았는지 그동안 궁금했다면서 반가이 맞아 주셨습니다. 검사결과 이전에 시커멓게 나왔던 뼈 사진이 이제는 하얗게 살아난 상태를 보여주셨습니다. 그리고 완치 판정을 받았습니다. 그러나 당분간은 지금까지 하던 대체의학으로 계속 진행을 하라는 당부 말씀을 하셨습니다. 그동안의 눈물로 얼룩진 고통과 힘든 과정이 한 번에 씻기는 듯 했습니다.

연수원에 정혈하러 갈 때마다 원장님은 증산도에 관한 이야기를 해 주셨고, 정혈을 마치고, 한 시간 정도씩 증산도 강의를 해 주셨습니다. 태을주 CD와 『도전』을 주셔서 집에서 틀어놓고, 열심히 들었고, 『도전』도 읽어나갔습니다. 『도전』을 읽을수록 재미가 있고, 깨달음이 왔습니다. 정혈이 휴식에 들어갔을 때도 원장님은 계속해서 1주일에 한 번씩 진리공부를 시켜주셨습니다. 줄곧 진리공부를 하면서 원장님이 시키는 대로 집에서 청수를 모시고 치성도 드리고 105배례를 했습니다. 도장에서도 포정님께서 수행을 이끌어 주셔서 여러 성도님들과 함께 5일 동안 수행을 하기도 했습니다. 원장님의 초대로 '서울 코엑스 개벽콘서트'와 '강화도 환단고기 콘서트'에도 참석하면서 입도를 해야겠다고 결심했습니다.

남편은 완치 판정을 받은 후 정혈도 휴식이 들어가면서, 일을 알아보기 위해 계속 밖으로 다니느라 진리공부를 계속 이어가지는 못했지만, 제가 증산도를 하는 것에 말없이 협조와 후원을 해줍니다. 워낙 종교와 거리가 먼 남편이 그동안 진리 공부를 한 것도, 이렇게 말없는 후원을 해주는 것도 신기한 일입니다. 하지만 가장 신기한 것은 1년 동안 순조롭게 병을 치료할 수 있는 민간요법이 연결되면서 태림연수원장님을 만나 증산도에 입도할 수 있게 된 것입니다. 이 모든 것이 상제님의 뜻과 조상 선령님의 음덕이 아닐까 하여 감사의 인사를 드립니다.

다만 그동안 열심히 신앙해 왔던 불교의 법사님을 등지는 것 같아 마음이 참 불편했습니다. 하지만 마음은 증산도 쪽으로 기울고, 절의 행사 때마다 인간적으로 미안한 마음에 형식적으로 동참을 하게 되었습니다. 그마저도 이제 마음이 떠나게 되는 것을 느끼며, 이 또한 조상님의 뜻이고, 저를 인도하심이라 믿습니다.

제가 입도를 앞두고 마음이 아직 불편한 것은 제 여건이 증산도 도장 중심의 신앙생활에 제대로 참여할 수 없는 상황 때문입니다. 막내아들 집에 함께 살면서 아들 부부를 모두 출근시키고, 셋이나 되는 어린 손자, 손녀를 키우며 모든 집안일을 제가 다 해야 하기에 거의 조금도 개인 생활을 할 여건이 못 됩니다.

미용실을 운영하는 며느리가 미용실을 쉬는 마지막 주 일요일만 도장 치성에 참석할 수 있는 열악한 신앙 환경이어서 입도를 하면서 부디 제가 증산도 신앙생활을 잘 할 수 있도록 여건을 만들어 주시길 기도드려봅니다. 저를 증산도에 입도할 수 있게 해주신 김OO 포감님께 진심으로 감사드립니다. ◎

정음 정양의 세상을 위하여
For the world of equal Yin and Yang

수행, 우주원리, 동양철학, 옥단소, 일심

마일라 플러리(40)

필리핀 마닐라 / 대학원생 / 145년 음11월 / 마닐라도장

　몇 달 전, 저는 증산도 신앙인이 되기 위해 증산도 공부와 수행을 지속하겠다는 약속을 지키기 위해서 스코틀랜드에서 필리핀으로 왔습니다. 2년 전에 입도를 했어야 했지만 그때는 망설였고, 그러나 유솝 신도가 입도를 과감히 결심하여 상제님의 일꾼이 되는 것을 보면서 기뻤습니다.

　A few months ago, I arrived in Philippines from Scotland to fulfil the promise, that is, I will practice Jeung San Do meditation until I become a member of Jeungsando. I should have done it two years ago, but I hesitated, nevertheless, I was happy to see Yusoph Sungdonim took the plunge and became a Sangjenim's Ilgoon by that time.

　저에게 증산도 입도란 큰 책임감을 요하는 것입니다. 왜냐하면 입도는 영적 성숙을 위한 통과의례라고 믿기 때문입니다. 저는 많은 시간을 '옥단소', 『도전』, 그리고 '오텀콜링'을 읽고 토론하는데 할애했지만, 결론적으로 천지의 일을 이해하는 것은 끝이 없는 일

이라는 것을 느꼈습니다. 현재까지 수행을 할 때면 여전히 새로운 것을 배우고 발견합니다. 매주 모임을 통해 얻은 지식과 통찰력은 결코 충분하지 않아 보였습니다. 따라서 철야수행에 참여했으며, 정공과 도공을 함께 하는 것이 기운을 돌리는 데 도움이 된다는 것도 깨닫게 되었습니다. 그렇게 몇 년간을 머물면서 점진적으로 상제님과 태모님의 가르침을 공부했습니다. 제가 2014년 초에 필리핀을 떠나기 전, 저는 도장에 다시 와서 다음 단계에 도달할 때까지 수행을 할 것을 약속했습니다.

For me, Jeungsando initiation requires a huge responsibility because it is a rite of passage to spiritual maturity. I spent countless hours reading and discussing Jade Flute, Dojeon, and Autumn Calling enough to know that understanding the work of heaven and earth is a never ending task. Up to now, I still feel that I am learning and discovering new things whenever I do meditate. It is as if the knowledge and insights that I gained through our weekend meetings are never enough. Consequently, I decided to join the overnight meditations and discovered that combining mantra meditation and dogong meditation would help circulate the qi. For a few years, I stayed on to practice meditation and gradually studied Sangjenim's and Taemonim's teachings. Before I left the Philippines early 2014, I made a promise that I will return to Dojang and study Jeungsando with meditation until I reach the next stage.

저의 영적인 구도의 길은 5년 전 리더십 세미나에서 이상규 님(지금은 포정님으로 부릅니다)을 만나면서 시작되었습니다. 포정님이 증산도 워크샵에 저를 초대해서 기본적인 우주원리를 설명해 주었습니다. 저는 그의 강의에 약간 놀랐습니다. 그의 음양론 강의는 보통의 일반인들도 이해할 수 있는 쉬운 내용이었습니다. 저는 연구의 일환으로 유교와 성리학을 약간 공부했지만, 관련 학술 논문과 책을 읽으면서 대부분의 개념들을 이해하는 데 어려움을 느꼈습니다. 그러나 그의 강의 후에 갑자기 모든 것이 의미롭게 인식되었습니다. 과거 동양철학에 대해 배경지식이 없었던 제가 (저는 문학을 전공합니다) 그 심오함의 대의를 이해할 수 있었습니다.

My spiritual journey began five years ago when I met Sang Kyu Lee (whom I now call Pojeonim) in a leadership seminar. He invited me to the Jeung San Do Workshop and showed us the basic principles of universe. I was quite surprised by his lecture. It made the Yin and Yang theory comprehensible to the ordinary individual. Having studied Confucianism and Neoconfucianism as part of my research, I struggled understanding most of the concepts as I read through the academic essays and books. After his lecture, everything suddenly made sense to me. I, who have no previous background in Oriental Philosophy (I am a Literature major), grasped its profundity.

그 만남엔 마치 어떤 운명의 힘이 작용한 것 같습니다. 그 당시 저는 음양론을 바탕으로 한 여성과 유교에 관한 논제를 개발하는 중이었습니다. 중국 철학의 기초 원리를 학습하기 위해 제가 수주간을 도서관에서 필기를 하며 독서를 한 것을 포정님이 냅킨 사이즈의 종이 한 장에 요약을 했습니다. 워크숍 후 커피타임을 가지며 우주 1년과 개벽, 일심, 그리고 수행 등에 대한 주제를 가지고 대화를 나누었습니다. 그리고 저는 포정님이 그 내용들을 종이 냅킨 한 장의 도표 속에 모두 적어 넣는 것을 보았습니다. 저는 음양의 움직임이란 것이 우리들 주변에서 만물을 창조하는 힘으로 대각선으로 구분되어 있는 것으로 생각을 했었습니다. 그러나 음양의 움직임이란 단순히 하늘로 뻗쳐 나가는 코일 스프링이라기보다는 두 개의 힘이 지속적으로 상호작용을 하는 회오리 바람과 같다는 결론을 얻었습니다. 그 후, 저는 증산도의 가르침에 대해서 좀 더 알고 싶었습니다.

It is as if destiny brought us together. At that time, I was developing my topic on Women and Confucianism, based on Yin and Yang theory. Learning the basic principles of Chinese philosophy took me weeks of reading and note taking in the library only to watch the Pojeonim reduced it into the size of a paper napkin. Shortly after the workshop, we sat down for coffee and discussed the ideas of cosmic year, gaebyok, one mind, and meditation. I watched him, scribbled everything into a diagram on a paper napkin. I imagined the movement of Yin and Yang separated by a diagonal line interacting as it creates the universe around us. It was then concluded that the movement of Yin and Yang is similar to a whirlwind as these forces constantly interacts with each other rather than a coil spring that stretched out to the sky. After that, I wanted to know more about Jeung San Do teachings.

포정님은 제가 주문수행과 상제님 태모님의 기본적인 가르침을 배울 수 있도록 저에게 소책자 '옥단소' 한 권을 주었습니다. 저는 그것을 흥미롭게 읽었는데, 그 가르침이 제가 오랫동안 간직해온 신념, 특히 남성과 여성의 상호 보완성에 대한 생각과 일치한다는 것을 발견했습니다. 유교에서의 여성의 역할에 대한 저의 연구에서, 저는 원래 유교의 참된 의도란 남성과 여성이 동등한 가치로서 그들의 상호 보완적인 역할을 사회에 조성시키는 것이며, 따라서 건전한 사회를 구축하기 위해서 음(여성)과 양(남성)은 반드시 함께 협업을 해야 한다는 것으로 알고 있습니다. 그러나 중국의 유학자 동중서 때 음양이 엄격히 이분화되면서 여성의 역할이 심각하게 제한되었습니다. 그리고 신유학의 개념은 여성의 성을 폄하시키는 데 크게 기여를 해왔습니다. 옥단소에 있는 상제님의 말씀을 인용을 하면:

Pojeonim gave me a copy of 'Jade Flute' so that I may learn mantra meditation and the basic teachings of Sangjenim and Taemonim. I read it with such enthusiasm and discovered that it corresponds with my long-held beliefs, particularly, gender complementarity. In my studies of the role of women in Confucianism, I learned that the true intention of Confucianism is to foster complementary roles with equal worth between genders, hence, Yin (woman) and Yang (man) must work together in order to build a good society. It is only during Dong Zhongshu's time that Yin and Yang were strictly dichotomized which severely limited the role of women. The concept of Neo-Confucianism has greatly contributed to the denigration of the female gender. As I borrow this passage from the Jade Flute:

"선천은 억음존양抑陰尊陽의 세상이라. 여자의 원한이 천지에 가득 차서 천지운로를 가로막고 그 화액이 장차 터져 나와 마침내 인간 세상을 멸망하게 하느니라. 그러므로 이 원한을 풀어 주지 않으면 비록 성신聖

神과 문무文武의 덕을 함께 갖춘 위인이 나온다 하더라도 세상을 구할 수가 없느니라." (옥단소 P.66)

"The Early Heaven has been the world of oppressed yin and revered yang. The natural course of heaven and earth as they are filled with bitterness and grief of women. From this, a disaster threatens to burst forth the power to destroy the human world. If women are not relieved of their bitterness and grief, even a great person of divine nature with intellectual and military accomplishments will not be able to save the world." (Jade Flute, p. 66)

그 후 옥단소에 있는, 음과 양은 홀로 존재할 수 없다는 상제님 말씀이 저에게 사실적으로 다가왔습니다. 상제님께서는 이신사의 법칙을 바탕으로 천지공사를 보셨는데, 이신사는 우주원리가 어떻게 신도와 맞물려서 인간의 역사를 구성해왔는지를 설명합니다. 우주를 구성하는 주요 요소로서 법칙인 이理과 에너지인 기氣가 있는데, 이것은 음양과 오행으로 설명이 됩니다. 이들 각각의 요소들은 공존을 해야 하며, 그렇지 않으면 우주는 소멸됩니다. 음양은 또한 균형되게 운행되어야 하는데, 그렇지 않으면 우주에 불균형을 가져옵니다.

It is then that Sangjenim's words in the Jade Flute became real to me that Yin and Yang cannot exist without the other. He conducted his work of renewal based on the law of Li-Shin-Sa, which explained how the principle of the universe interlocks with the way of the spirits and shapes human affairs or history. Within the universe, the key components are Li (the principle) and Qi (the energy), which are explained by Yin and Yang, and five elements.

Each of these components should be present, otherwise, this universe will cease to exist. They should also operate properly or it would cause imbalance in the universe.

저는 상제님께서 『도전』에 여러 번 강조하신 음의 부재는 우주의 멸망을 야기한다는 말씀에 큰 위안을 받습니다. 사실, 음의 억압은 여성의 원한을 초래합니다. 결과적으로, 그 원한으로부터 발생한 부정적인 기운이 개벽기 때 큰 재앙을 가져올 것입니다. 그러한 부작용을 줄이기 위해 상제님께서 여성들(음 에너지)이 남성들만큼 중요하다고 알려주셨고, 따라서 태모님께서 10년 천지공사를 집행하시도록 하셨습니다. 이것은 상제님과 태모님께서는 그 시대에 미래를 내다보고 앞일을 개척하신 분들이란 것을 보여줍니다.

It is with great comfort that Sangjenim emphasized it numerous times in Dojeon that the absence of 'Yin' will cause this universe to collapse. True enough, its oppression results in the bitterness and grief of women. Consequently, the negative qi coming from bitterness and grief will bring us great disaster in the time of gaebyok. To reduce its adverse effects, Sangjenim taught us that women (also known as Yin energy) are as essential as men so he brought Subunim to conduct her 10 years Cheonjigeongsa (or the work of renewing heaven and earth). It shows that Sangjenim and Taemonim were forward thinkers of their time.

반면, 많은 사람들이 맹목적으로 형식상의 신新 유학을 따라 결과적으로 여성의 억압을 야기했는데, 상제님과 태모님께서는 미래를 위해 그것을 치유하는 법방을 추구하셨습니다. 상제님께서는 태모님께서 천지공사에서 큰 역할을 하실 것을 믿으셨고, 그녀를 당대에 가장 영향력 있는 분으로 만드셨습니다. 여성의 한 사람으로, 저는 태모님을 저의 위대한 역할 모델로 생각합니다. 태모님께서는 우리가 일심법의 가르침에 집중해야 하며, 그리하면 우리는 삶에서 위대한 것들을 성취할 것이라고 말씀하셨습니다. 일심법의 개념을 이전에는 전혀 접해보지 못했지만, 증산도 수행을 해오면서, 저는 제 자신이 복원력을 가지는 것을 느낍니다. 제가 직면한 많은 난관들에도 불구하고, 저는 세속적인 유혹에 빠지기보다 오히려 삶의 중요한 것들에 집중하는 것을 배웠습니다. 저의 질병, 대학, 가족문제 등은 제 자신을 발전시켜 나가는 데 좌절감을 가져다 주었지만 저는 인내를 했고, 실질적으로 제 논문안은 1차 심사를 통과했습니다.

Whereas many people blindly followed Neo-Confucianism on its surface which led to female oppression, Sangjenim and Taemonim sought to repair it for the future. Sangjenim also believed that Taemonim played a great part in Cheonjigeongsa and made her one of the most influential women of her time.

As a woman, I consider Taemonim as a great role model to me. She once said that we should focus on the teachings of one mind and we will accomplish great things in our lives. The concept of one mind never crossed my path before, but having practiced Jeung San Do meditation, I realized that I have become resilient. Despite the many challenges I encountered, I learned to focus on the important things in life rather than be caught by worldly distractions. My illnesses, university, and family issues were my setbacks in developing myself, but I persevered and true enough, I succeeded in gaining approval for my thesis proposal.

그로 인해 저는 제 아이디어와 여성 연구에 대한 노력의 가치가 인정이 되었다는 것에 고무되었습니다. 도장에서 수행을 하면 할수록 그만큼 저는 제 삶의 방향성과 균형감각을 얻습니다. 저는 아침저녁 수행에 진지하게 참여를 했습니다. 저에게 아침에 일어나 바쁜 일상을 시작하기 전과 저녁에 돌아와 잠들기 전 수행을 하는 것은 일상이 되었습니다. 저는 저의 일과 활동들을 수행을 중심으로 짰으며, 그것은 제가 저의 공부를 지속적으로 할 수 있도록 힘과 용기를 줍니다. 그러나 포정님과 저의 조상님, 그리고 위대한 성신들의 지도가 없었다면 그 모든 것을 성취하지 못했을 것입니다.

That is why I felt inspired because my ideas and my work on women studies are validated. The more I meditate in the Dojang, the more I gain a sense of balance and direction in my life. I joined the morning and evening meditations with solemnity. It became a routine for me to wake up in the morning before the rush hour, then return in the evening for dinner and meditate before going to bed. I based my scheduled activities around meditation and it gives me the strength and courage to continue my studies. However, I would not have achieved all this without guidance from Pojungnim and my ancestors and other great spirits.

도장에서 저는 치성을 엄숙하게 드리고 싶었습니다. 태모님께서는 "각 주문의 기본 정신을 알고 읽어야 주력呪力이 확고히 서느니라"고 말씀하셨습니다. 유숍 신도와 저는 한글 원어민이 아니므로, 정성을 다해 수행을 하기 위해서 모든 주문들의 영어 번역본을 공부해야 했습니다. 저는 부지런히 옥단소 첫 번째 카피본에 메모를 했고, 그것들을 자주 보다 보니 첫 번째 옥단소의 바인딩이 끊어져서 페이지가 떨어져 나갔습니다.

In Dojang, I felt our Chiseongs (ceremonial ritual) should be solemn. It was Taemonim who said that we need 'You must grasp the fundamental meaning of each mantra you chant to fully experience its power' Since Yusoph and I are not native Hanggeul speakers, it was necessary for us to study the English translations of all the mantras so we can meditate with all sincerity. I diligently wrote down notes on my first copy of Jade Flute. I read them so frequently that the spine of my first copy broke and its pages fell apart.

사실, 저는 그 당시 제 석사학위 논문에 적합한 주제를 찾을 수 있도록 해달라고 기도했습니다. 2주 후, 저는 꿈속에서 "네가 원하는 해답은 그 책 속에 있다."는 음성을 들었습니다. 저는 전에 그 책에 대한 글을 읽었습니다. 그 당시 단지 몇 권의 사본만이 남아 있어서, 저는 그 책을 사러 출판사로 직접 가야만 했습니다. 그래서 일어나자마자 저는 지체하지 않고 출판사 사무실에 가서 책을 구입했습니다. 저는 점심시간 동안 책을 읽으면서, 즉각적으로 제 논문의 논제를 위한 아이디어를 구상했습니다. 제가 제 삶에서 증산도 수행의 긍정적인 효과를 경험한 것은 바로 그때였습니다.

True enough, I prayed that I may find the suitable topic for my proposal. Two weeks later, I dreamt of a voice that said, "The answer you seek is in that book." I have read about the book itself. At that time, there were only a few copies available so I have to go to the publishers to buy it. When I woke up, I wasted no time going to the publishing office and bought the book. I read it over lunch and instantly formulated the idea for my proposal. It was then that I felt the positive effects of Jeung San Do meditation in my life.

저는 영어로 번역된 도공체험 사례들을 통해서 증산도 성도님들의 체험 내용들을 읽었습니다. 그들 체험사례들은 그들 대부분이 개인적인 질병으로 문제를 겪으면서도, 증산도를 꾸준히 배우고 수행을 지속해 나갔다는 것이었습니다. 이러한 사례들과 마닐라 도장에서의 제 자신의 경험들을 바탕으로, 저는 제가 이제는 입도를 할 단계에 도달했고, 이제는 결정을 내려야 할 단계라고 말할 수 있습니다. 저는 현재 1년 정도 집중수행을 해오고 있습니다. 매주 도장을 방문하던 것이 이제 일상이 되었습니다. 저는 현재 포정님과 함께 매일 2회씩 도공과 함께 수행을 하며, 서전서문과 『도전』 성구를 읽고 있습니다. 다음은 포정님과 대화를 하다 떠오른 『도전』 성구 말씀입니다.

I can even read it from our English translations of Dynamic meditation experiences. Most of them faced problems of illnesses and yet, they persevered in learning Jeung San Do and continued practicing meditation. From these accounts and my own experience here in Manila Dojang, I can only say that my readiness to become a member of Jeungsando has reached its proper timing and a decision has to be made.

I have been practicing intensive meditation for a year now. My weekly visits to the Dojang became daily. I practice mantra and dogong meditation twice a day with Pojeonim as I move on to the next stage. Every day, Pojeonim and I would read the Preface of the Shuzuan and passages from Dojeon. As I go through the words with Pojeonim, I came across this passage from Chapter Two:

"모든 일에 마음을 바로 하여 정리正理대로 행하여야 큰일을 이루나니, 만일 사곡邪曲한 마음을 가지면 사신邪神이 들어 일을 망치고, 믿음이 없이 일에 처하면 농신弄神이 들어 일을 번롱飜弄케 하며, 탐심을 두는 자는 적신賊神이 들어 일을 더럽히느니라." (영문 『도전』 2:87)

"In all matters, only when you set your mind right and act accordingly can you accomplish great things. If you possess a crooked mind, a wicked spirit spoils the work. If you approach your work without faith, a jesting spirit turns it into a joke. If you have covetous mind, a thieving spirit corrupts the work."
(Dojeon 2:87).

이제 새해를 2주 앞두고 있습니다. 저는 다가오는 새해를 올바른 마음가짐과 긍정적인 시각으로 시작할 것을 기원합니다. 저는 일심으로 증산도를 배울 것입니다. 그리고 저는 상제님과 태모님의 가르침을 통해 제 삶의 목적과 염원을 성취할 수 있으리라는 믿음을 가지고 있습니다.

It is two weeks before the start of a new year. I am looking forward to beginning my year with the right mindset and a positive outlook. With one mind, I will continue studying Jeung San Do. I have faith that I can still achieve my goals and aspirations through the teachings of Sangjenim and Taemonim. ◎

나의 신앙 증산도 시즌2(22회 마일라 플러리 / 마이클)

내 청춘의 성장기
동양철학과 수행체험

행복, 동양철학, 수행, 가을개벽, 구원

윤재경(20)

미국 L.A / 대학생 / 146년 음3월 / L.A.도장

부모님이 물려주신 정직, 신뢰, 성실의 가치관

저는 세상 무엇보다 신뢰, 정직 그리고 성실을 가장 중요시하는 가정에서 자랐습니다. 부모님께서는 높은 점수를 받거나 반에서 1등하는 것을 강요하지 않으셨습니다. 오히려 새로운 것에 도전하고 친구들을 많이 사귀라 하셨고 우리 모두에게 선물처럼 주어진 이 아름다운 인생을 즐기는 것을 중요시하셨습니다. 저는 사우스 파사데나 고등학교에 입학하기 전까지 이 마음을 간직하고 살아왔습니다.

I was raised in a family that valued trust, honesty, and sincerity above anything else. My parents were never strict about achieving the highest grades or being the top of my class. Instead, they pushed me to try new things, make many friends, and most importantly enjoy the beautiful life that we have all been gifted with. This was the exact mindset that I lived with until I started my first day at South Pasadena High School.

그런데 더 이상은, 장난기 있고 마냥 행복하고 그저 편안한 아이로는 살 수 없다는 것을 알게 되었습니다. 인생은 더 이상 재미있는 놀이가 아니었고 끊임없는 경쟁을 통해서 최고가 되는 과정이었습니다. 높은 학점 유지를 생각하기 시작했고, 봉사활동을 할 기회와 방과 후 활동에 대해서 생각하기 시작했습니다.

이런 우선순위들이 바로잡히지 않는 이상 아무것도 이룰 수 없다는 사실을 이해했습니다. (우선순위를 잡지 않으면) 아마도 지원하는 대학에서 떨어질 것이고, 그로 인해 직업시장에서 선택받지 못하는 존재가 될 수 있었습니다. 그래서 저는 낮이고 밤이고 노력하기 시작했고, 결국 제 사생활에 대한 시간은 거의 남지 않았습니다. 이때는 제 인생에서 정말 행복하지 못한 시점이었습니다. 지속적으로 스트레스를 받았고 피곤했으며, 육체적으로 건강하지 못했습니다. 4년 동안 열심히 노력한 끝에 저는 여러 대학에 붙었지만 가정의 경제적 상황 때문에 모두 거절할 수밖에 없었습니다.

This was when I realized that I could not be the playful, happy, relaxed child I had been all my life. Life was not fun and games anymore, but rather a constant competition to be the best. I started thinking about maintaining a high GPA(grade point average), volunteer opportunities, and extracurricular activities. I understood that without these priorities set, I would go nowhere in life. I would get rejected from colleges, thus making me undesirable in the job market. So I started working day and night, leaving little to no time for my social life. In this point in my life, I was not truly happy. I was stressed, tired, and physically unfit. After four years of hard work, I had been accepted to multiple colleges that I rejected for financial reasons.

저는 2014년 가을부터 파사데나 시립대를 통해 고등교육을 받게 되었습니다. 가을과 겨울, 그리고 봄에 공부를 했으며 여름에는 여행을 다녔습니다. 여행은 저에게 아름다운 세상을 만끽하고 스스로를 돌아볼 시간을 주었습니다. 프랑스, 스페인, 독일, 네덜란드, 암스테르담, 한국, 이태리, 벨기에, 영국을 여행하고 돌아온 뒤에 저는 행복이라는 것은 과연 무엇일까에 대해 깊이 고민하기 시작했습니다.

세상 사람들은 서로 너무 다른 생활을 하고 있습니다. 어떤 이들은 어마어마한 물질적인 것들을 소유하고 있었으며, 어떤 이들은 가진 것이 거의 없는 사람들도 있었습니다. 하지만 이런 두 개의 서로 다른 문화 안에서 행복한 사람들을 볼 수 있었습니다. 저는 무엇이 인간을 행복하게 만드는가에 대하여 생각하게 되었습니다.

I ended up attending Pasadena City College in the fall of 2014 to pursue a higher-level education. I attended school during the fall, winter, and spring months and traveled during my summers. Traveling gave me time to enjoy the beautiful world and reflect upon myself. After traveling to France, Spain, Germany, Netherlands, Amsterdam, Korea, Italy, Belgium, and England, I started to deeply contemplate about what it meant to be happy. People from around the world live such different lifestyles. Some have incredible amounts of material possessions, while others hardly have any. Yet, you see happy people in both cultures. This got me to wonder "what makes humans happy?"

행복은 모든 사람들의 인생에서 공통적으로 얻고 싶어 하는 것입니다. 그런데 왜 이 감정이 이렇게 얻기 어려우며 오랜 시간 동안 지속되기 어려운 것인가? 무엇이 우리를 진정 행복하게 하는가? 무한대의 물질에서 오는 것인가, 가족들의 사랑과 보살핌에서 오는 것인가, 아니면 성공을 하거나 중요한 사람이 되었다는 느낌에서 오는 것인가?

이런 것들은 우리를 어느 수준까지만 행복하게 합니다. 하지만 사람들은 우리를 정말 행복하게 하는 것들은 (쉽게) 지나치면서 우리를 (지금보다) 행복하게 만들 수도 있는 것들에 대해 생각만 합니다.

Happiness is something everyone wants to achieve in his or her life. Why is this emotion so difficult to achieve and especially maintain for long periods of times? What makes us feel happy? Is it unlimited materialistic possessions, loving and caring family members, or the feeling of success and importance? These things do makes us happy somewhat; however, many of us lose sight of what really makes us happy for something what we "think" will make us happy.

인생에 정답은 있을까

탐욕이라는 감정은 우리가 느낄 수 있는 행복을 제한합니다. 탐욕이라는 감정을 가지게 되면 우리는 항상 모자람을 느낍니다. 일 년에 백만 불을 벌면 행복할 거라고 스스로에게 말할 수 있지만, 정작 일 년에 백만 불을 벌게 된다 해도 더 많은 액수를 원할 것입니다. 더 많은 돈을 벌고 싶을 겁니다. 연봉 백만 불은 더 이상 우리에게 만족감을 줄 수 없을 것입니다.

그렇다면 (행복을 얻기 위해서) 가장 먼저 내려놓아야 할 것이 탐욕이라고 생각할 수 있습니다. 어떤 이들은 '행복을 원한다면 아무 것도 원하지 말라'라고 말할 수도 있습니다. 하지만 욕망이라는 감정은 우리를 살아 있게 하고 열정적이게 하고 흥분하게 하는데 이 것은 행복과 굉장히 가깝게 이어져 있다고 저는 생각합니다. 그래 서 만약에 이 모든 감정들 중에서 욕망이 사라지게 된다면 우리가 느낄 수 있는 행복함도 제한되어 있을 겁니다.

The emotion greed limits us from being happy, because with it, you will never have enough. You tell yourself that you will be happy if you made a million dollars a year, but once you start making a million dollars a year, you want more. You want to make more money. You are no longer satisfied with the one million dollar a year annual income. So the first thing is to get rid of greed. Then, some people might say, if you want to achieve happiness, desire nothing. However, the feeling of desire makes us feel alive, passionate, and excited, which are all feelings closely related to happiness. So to exclude desire would mean to also exclude all those emotions, which would limit happiness as well.

그렇다면 정답은 무엇일까요? 정답이라는 게 있을까요? 항상 감 사하고 모든 것을 사랑하되 어떤 것도 바라지 않는 것. 이것은 말하 기가 쉽지 행동하기는 어렵습니다. 증산도 L.A.도장에서 21일 동안 이라나 성도님과 김석 포감님과의 수행을 통해서 이런 생각의 틀을 잡게 되었습니다.

So then what is the answer? Is there an answer? Be grateful and love everything without expecting anything in return. This is a lot easier said than done. Meditating at the Jeung San Do center in Los Angeles with Rana Lee and Sean Pogamnim for 21 days straight has helped me acquire this frame of mind.

증산도의 수행 철학과 깨달음

증산도 수행을 통해서 그리고 동양철학에 대해서 배우면서 저는 이 우주가 어떤 조화로운 방법으로 운영되는지 배웠습니다. 그 중하나는 음양오행이 어떻게 이 세상을 균형되게 하는지였습니다. 우주 안에 모든 것은 조화를 만들기 위해서 필요한 것입니다. 이 우주에는 '나쁜' 것이란 없으며, (상대적인 음양오행의) 모든 요소가 있어야 균형을 만들 수 있습니다.

동양철학은 제 인생에 명확성을 주었을 뿐만 아니라 우주만물 모든 것에 대해 감사하고 그 진가를 알아볼 수 있는 깨달음을 주었습니다.

Through Jeung San Do meditation and learning about eastern philosophy, I was able to learn about the harmonious ways of how the universe operated. One such example is how the Yin Yang and Five Elements balances this whole world. Everything within the universe is needed in order to create harmony. Nothing is "bad" for this universe, as they are all needed to create a balance. Understanding eastern philosophy, not only brought clarity into my life, but also enlightened me to appreciate and be grateful for everything in our universe.

모든 것에 대해 감사하는 마음은 저에게 행복을 가져다 주었습니다. 결론적으로 행복은 나 이외에 가족이나 물질적 소유, 명예 등에서 오는 것이 아니라 내 안에서 찾을 수 있었던 것입니다. 이런 요소들은 행복의 정도에 기여할 수도 있겠지만, 결과적으로는 우리 스스로가 우리를 둘러싼 놀라운 것들에 대해서 감사해야 하는 것입니다. 이 개념을 모두가 이해하지는 못할 것이며, 어떤 이들은 다른 사람을 탓하거나 자신의 특정한 환경이 불행함을 탓할 것입니다.

Through gratefulness towards all things, it brought me happiness. In conclusion, happiness is not found through outside sources such as your family members, materialistic possessions, fame, but rather found within you. Those others factors may contribute to your level of happiness, but ultimately, it is up to us to decide whether or not you will be grateful for the amazing things around you. Not everyone will understand this concept and some may continue to blame people or certain circumstances around them for their lack of happiness.

더 나은 세상을 위한 봉사와 감사의 삶

제가 증산도에 입도하기로 결정한 이유는 가을개벽 이전에 해원을 돕고 싶고, 세상 사람들을 이끌고 구원하고 싶기 때문입니다. 저는 가을개벽이 올 때까지 수행하고 닦고 공부하며 사람들이 증산도에 대해 긍정적으로 인식할 수 있도록 노력하겠습니다. 저를 반대하는 사람들과 부정적인 시선을 맞닥뜨릴 수 있다는 것을 알지만, 그런 것들은 저를 흔들지 못할 것입니다. 저는 제가 하는 일이 옳다는 것을 알고 있고 누가 저와 공감하든 안 하든 꾸준히 (신앙을) 이어가겠습니다. 그들은 결과적으로 진리를 깨닫게 될 것입니다.

남들을 돕기 위한 어린 시절의 저의 열정은 지금도 제 안에 강하게 남아 있습니다. 그런 면에서 증산도에서 후대를 위해 더 나은 세상을 지을 수 있는 기회를 얻게 된 것은 아마도 운명이 아니었을까 합니다.

I have chosen to join Jeung San Do to help resolve as much bitterness and grief before the autumn Gaebyeok, I want to lead, save and help people during this time. I will meditate, train, study, and spread positive awareness of Jeung San Do until this time comes. I know I will face opposition and negativity along the way, but that will not hinder me. I know what I am doing is right so I am going to continue to do it whether or not people agree with me or not. They will eventually realize the truth. My passion for helping others as a young boy stands strong with me today. I guess you can say it's fate that I was introduced to Jeung San Do and given this opportunity to create a better world for future generations to come.

입도하기까지 저를 도와주신 김형성 본부장님, 이라나 성도님, 정호진 수호사님, 김석 포감님 그리고 마지막으로 저희 어머니께 감사드립니다. 이분들은 제가 어떤 어려움도 이겨낼 수 있도록 크게 노력하셨습니다.

이분들에게 보답하는 방법은 부모님이 저에게 가르쳐주신 정직, 성실, 신뢰를 바탕으로 신앙을 하는 것이며, 증산도에서의 여정을 통해 행복을 유지하는 것입니다. 상제님, 태모님, 태상종도사님, 사부님께 이런 기회를 주신 것에 대해 감사드리며, 베풀어 주신 음덕은 제가 만나는 사람들에게 진리를 전함으로써 보답하겠습니다. 감사합니다.

I thank everyone that helped me to be ready for the initiation including practitioner Director Douglas Kim, Dr. Rana Lee, Suhosanim, Sean Pogamnim, and last but not least, my mom. They have gone to great lengths for me to be here teaching me and meditating together so I can overcome any obstacles on the way. I know that the only way to pay them back is to practice with the same values my family taught me, honesty, sincerity, and trust/faith, and maintain my happiness through continuing my journey in Jeung San Do. I thank Sangjenim, Taemonim, Taesang Jongdosanim, and Sabunim for giving me this opportunity, and I promise to pay their unseen grace back by paying it forward with the teaching to the those I interact with along my journey. Thank You. ◎

철학적 성장에서 수행을 통한
존재의 성장으로

역사찾기운동, 정성수행, 조상님, 인연, 신명체험

송현우(18)

부산 동래구 / 대학생 / 146년 음7월 / 부산동래도장

  2016년 18살이 된 해, 이때는 제 스스로 제 인생의 가장 의미 있
는 시간이라 자부할 수 있습니다. 첫째는 공부라는 것의 즐거움과
행복을 알게 된 한 해이며, 둘째는 존재하는 사물 간의 관계의 중요
성을 몸으로 느끼고 그에 맞는 다양한 경험들을 해 본 해이며, 마지
막으로 증산도를 만나게 된 해인데 이것이 가장 의미가 컸습니다.
사실상 증산도를 만나게 되면서 위의 모든 성취가 가능했기 때문입
니다. 사실 증산도의 기본적인 교리와 후천개벽사상은 실제 도생
분을 만나기 몇 개월 전부터 이미 공부하고 있었습니다. 하지만 증
산도 단체의 외부에서 공부를 하다 보니 정보 습득에 있어서 부족
한 부분이 많았습니다.

  당시의 저는 단순한 지식 습득의 수준에서 증산도를 받아들였기
에 수행에 대해서는 제대로 공부해 보고자 하는 마음이 없었습니
다. 그냥 가끔 노트에 적어 둔 태을주와 관운장주, 칠성경을 몇 번
씩 읽어 보는 정도였습니다. 그러다가 2016년 7월, 제가 다니는 고
교 앞에서 저는 한 증산도 도생분(김주리 포감님)을 만나 뵈었습니

다. 역사찾기운동을 하시는 분들 중 한 분이셨습니다. 포감님께서는 저에게 증산도와 역사의 관계에 대하여 설명해 주셨습니다. 몇 주 후 그분이 마련해 주신 자리를 통하여 한국에 뿌리박힌 식민사관과 그 심각성에 대해 배울 수 있었습니다. 저는 그것에 대해 큰 충격과 분노를 느꼈습니다.

그리고 그날 강의를 하시며 열정적인 모습을 보이셨던 포감님의 진정한 교육자로서의 태도에 큰 감명을 받았습니다. 그 일로 인해 증산도 동래도장을 방문해 보기로 결심했습니다. 포감님께선 21일 정성수행과 동시에 증산도 교리 강의를 들어 볼 것을 권유하였습니다. 우연히 몇 개월 전 꿈속에서 실제로 포감님께서 저에게 이것을 권유하시는 모습을 보았던 저는 '무언가 분명히 있을 거다'라는 생각으로 진짜 공부에 발을 디뎌 보기로 결심하였습니다. 그렇게 하여 저는 그동안 정말 공부하기를 갈망했었던 장대한 '우주의 진리'와 '신의 세계' 등에 대하여 공부할 수 있었습니다. 대학 입시와 제 인생철학이 충돌하는 절박한 상황 속에서도 배우고자 하는 큰마음만 있으면 그 과정이 가시밭길 같더라도 웃으며 산책하듯 배울 수 있다는 철학을 확립하였습니다. 저는 공부의 즐거움이 이끄는 내면의 성장에 대해서도 알게 되었습니다.

더 놀라운 일이 있었는데, 저에게 강의를 해 주셨던 강은진 포감님께서는 제가 김 포감님을 만나기 전날에 저의 조상님으로 추정되는 한 할머님께서 꿈에 "내 자손이 동인고등학교에 있는데 왜 여길 오질 않는 거야! 얘는 꼭 살려야 한다."라는 말씀을 애절한 진심의 감정을 담아 하셨다고 합니다. 또 제가 강 포감님의 강의를 듣게 된 당일에도 또 다시 포감님의 꿈속에서 "내 자손 송현우 꼭 살려야 한다."라는 당부의 말씀을 전해주셨다고 했습니다. 그때 정말 조상신들께서 항상 저를 위해 주시고 지켜 주심을 알게 되었습니다.

수행을 할 때면 언제나 그분들에게 감사함과 존경심을 느끼려 노력했습니다. 저를 인도해 주신 포감님께서도 저에 대한 특별한 사연을 가지고 계신데, 그분께서는 존경하는 동래부사 송상현 장군님의 자손을 도제로서 가르치고 싶어 1년 8개월의 긴 시간 동안 간절히 기도하였다고 합니다. 그래서 만난 것이 바로 실제 송상현 장군님과 본가가 같은 저입니다. 어쩌면 저와 증산도, 그리고 포감님들과는 상당한 인연이 있는 것 같이 느껴졌습니다. 그 사연들을 들은 이후로, 지식 습득과 간접적인 신명의 경험 등을 통해 전 1차적 성장을 시작했습니다. 1차적 성장이 지식의 갈망에서 비롯된 철학적 성장이었다면, 2차적 성장은 수행을 통한 나라는 존재 자체의 성장이었습니다. 배례 수행, 주문 수행, 도공 수행 등을 하면서 저 자신을 비롯한 주변의 인간관계, 대우주 자연, 그리고 저의 조상 신명들에 대한 소중함을 느낄 수 있었습니다.

그 대표적 예로 저는 도공수행 중 전생체험으로 추정되는 체험들을 하게 되었습니다. 한번은 몽고군과 전쟁을 하게 된 튀르크 제국의 일파인 '룸 셀주크제국'의 기마병 모습이었는데, 당시 일선에서 말을 타고 한 손에 무기를 든 채로 돌격을 하던 저로 추정되는 병사는 돌격 도중 싸워 보지도 못한 채 왼쪽 어깨에 몽골군의 화살을 맞고 전사하였습니다. 실제로 이 전투에서는 군사적으로 룸 셀주크군이 압도적으로 유리한 상황 속에서 군주의 어리석은 전략으로 몽골군으로부터 대패를 당했다고 전해집니다. 이 체험은 평소 터키, 이슬람 문화에 관심이 많던 저의 관심사와 연관이 되어 있어 상당히 충격을 받았습니다.

두 번째는 남아메리카의 공산주의 혁명가 '체 게바라'와 가까웠던, 그의 마지막 볼리비아 해방 전투에 참전한 게릴라 부대원이었습니다. 볼리비아 정부군의 총에 맞아 쓰러지는 그를 보고 분노했던 그때의 저로 추정되는 인물은 그 자리에서 일어서 총을 난사하다가 적군의 총을 맞고 전사하고 말았습니다. 아직도 당시 전투 전에 '우리 반드시 인민들을 위한 남아메리카를 만드세'라고 말하며, 저의 왼쪽 어깨에 손을 올리고 결단의 표정을 굳게 지은 그의 혁명적인 모습을 잊을 수 없습니다. 도공 수행 중 알 수 없는 감정으로 눈물을 흘렸던 경험은 그때가 처음이었습니다. 이것이 정말 저의 전생인지 모르겠지만 실제로 학문 공부 도중 프랑스 혁명에 영향을 끼친 루소의 인문주의 사상과 마르크스, 레닌의 공산주의 사상에 대해 신선한 흥미로움을 느껴본 경험과 학교 내부 권력층의 부조리와 비리에 대항하여 학생운동을 주도하고자 하였던 저의 경험과 연결되었습니다. 저는 과거의 이 혁명가들의 혁명정신을 본받아 다가오는 후천선경 건설을 위해 큰 사명감을 가져야겠다는 다짐도 하였습니다.

마지막으로 체험해 본 것은 놀랍게도 신명 체험이었습니다. 21일 정성수행의 마지막 날이자 수요치성 날, 도공 수행을 할 때 암흑 속에서 폭이 넓은 하얀 한복치마를 입으시고 도공 수행을 하는 저의 옆을 가로질러 가시는 신명 한 분을 뵐 수 있었습니다. 그분이 시야에서 사라지자 이유 없이 행복을 느끼며 눈에 눈물이 고였습니다. 수행 후에 포감님들께 여쭤 보니, 저의 조상님을 뵈었을 가능성이 크다고 하셨습니다. 물론 이런 수행의 과정 속에서 겪은 체험들이 진짜 체험이라고 단언하기는 힘들겠지만, 그래도 이런 체험을 통해 제 자신과 다른 존재와의 관계에 대해 사유하게 되었고, 일상 속에서 너무나도 당연시 여겼던 자연물들을 사랑하게 되었습니다. 자연과 내가 유기적으로 연결되어 있는 형제관계라는 아메리카 원주민들의 사상과 상당히 비슷한 생각을 가지게 된 것입니다. 덕분에 새벽에 시간이 날 때면 경건한 마음으로 정성수행을 하게 되는 좋은 습관도 가지게 되었습니다.

그렇게 증산도를 통해 정말 제 삶에서 바꿀 수 없는 소중한 가치들을 얻게 된 저는, 곧 영광스러운 입도식을 앞두고 있습니다. 이러한 좋은 경험들을 하게 되어 증산도에 감사하다는 말을 전하고 싶습니다. 입도를 하게 된다면 항상 신과 우주에 대한 경건하고 감사한 마음을 잃지 않고, 일심으로 나라를 지키는 군인같이 충성을 다하는 천지의 일꾼이 될 것을 다짐하고 맹세합니다. 보은! ◎

답은 쉽고 가까운 곳에 있었다!

조상님

문장호(62)

강원도 홍천군 / 건설업 / 146년 음8월 / 강화도장

　제가 증산도에 입도하게 된 동기는 몇 가지가 있습니다. 증산도가 우리나라 종교이고 조상숭배를 중시하고 역사 문제를 제대로 알게 해 주었습니다. 또 우주의 법칙이나 개인의 운명이 이미 정해져 있는 대로 행해져 왔다는 사실에 공감을 느꼈고 앞으로의 과정도 이미 정해진 대로 갈 것이라는 것임을, 또 그에 대한 해답이 있다는 것을 기대하기 때문입니다.

　제가 지금까지 살아온 과정이 너무도 힘들었고 아무리 노력해도 되는 일이 없었습니다. 대학 시절 학업을 중단할 수밖에 없었고 군 생활도 무척 힘들게 하였고 사회생활도 막힘이 많았습니다. 군을 제대하고 나서는 10.26사태 때 박정희 대통령 서거 후 집안이 풍비박산이 되어 가족이 헤어지게 되었고 결혼하기로 상견례까지 한 첫 여인과도 이별하였습니다. 또 법적 문제로 수년간 시달리어 한창 사회에 진출하여 기반을 다질 나이에 집안을 살리기 위해 법적으로 고군분투한 결과 협심증과 대인기피증까지 생겨 지금 생각해도 너무 비참하게 되어 버렸습니다. 나는 왜 이런 고통을 받아야 하나? 그 와중에 결혼한 애들 엄마와 헤어졌고 강화에서 만난 여성과

도 10년 만에 또 헤어지게 되었습니다.

왜 나는 인생이 이렇게 평탄하지 못하고 가족과 떨어져 혼자 외롭게 살아야 하나? 원인이 무엇일까? 이유를 찾으려고 여러 종교를 기웃거렸지만 알 수가 없었습니다. 그러다 나의 살아온 지난 과정을 돌이켜 보니 젊을 때 어머니와 점집에서 들은 내용과 똑같이 내 인생이 진행되어 왔다는 것을 알게 되었습니다. 이것이 정해진 팔자구나 하고 깨닫게 되었고 모든 것을 받아들이게 되었으며, 과거의 고통스런 삶의 상처 때문에 저의 몸은 많은 술에 의지하며 방황하는 상태에 놓여 있었습니다. 그런데 어느 날 증산도 강화도장 이미향 수석포감을 만나게 되었고 그 후 이상하게 술을 끊게 되었습니다. 평생 그 많은 술을 마셔온 제가 갑자기 술을 끊게 되었던 것입니다. 그리고 공부하면서 돌아가신 아버님, 어머님이 제가 무슨 일이 생길 때마다 꿈에 나타나시는 것을 통해 제 곁에서 조상님이 지켜보고 계신다는 것을 알게 되었고 조상님을 잘 모셔야 한다는 것을 깨닫게 되었습니다. 의외로 답은 쉬웠고 가까운 곳에 있었는데 저는 타 종교를 돌아다니며 헛수고를 하였던 것입니다. 이 또한 상제님의 뜻이라 생각하지만 그동안 절망적인 삶을 살아 온 것이 너무도 기막혀 그에 대한 가르침을 받으려 합니다. 이것이 제가 입도하게 된 동기이고 앞으로의 삶도 해원하여 뜻있는 삶을 살 수 있도록 도를 닦는 것이 목적입니다. 앞으로 증산도를 신앙하면서 상제님 진리를 전하는 데 노력을 하고 제 스스로도 일심 신앙을 할 것을 다짐합니다. 감사합니다. ◎

태을주를 읽으니
조상님이 옆에 계셔

환단고기, 동지대치성, 태을주, 조상님

김서윤(41)

부산 연제구 / 인터넷 쇼핑몰 운영 / 145년 음4월
/ 수원인계도장

대학교 다닐 때 친구로부터 증산도를 소개받고 처음 증산도 광안도장을 방문하였습니다. 그때 저는 이미 『환단고기』를 읽었기에 도장에 계신 분과 『환단고기』에 대해서 서로 이야기를 나눈 적이 있었습니다. 이것이 증산도를 향한 첫 발걸음이었습니다만, 그때는 이것이 이토록 대단한 것인 줄도 몰랐고 솔직히 관심도 크게 없었죠.

저는 성격상 어디서 고개를 잘 숙이지 않는 뻣뻣한 목줄을 가진 사람이라 절에 가서도 법당에 들어가지 않고 밖에서 서성이다가 절밥만 먹고 왔고, 기분 좀 내켜서 법당에 들어가더라도 방석에만 앉아 있고 절하지 않는 그런 사람이었습니다. 그러다 보니 첫 발걸음에 증산 상제님과 태모 고수부님에게 예를 다하지 못하는 불경을 범했었습니다.

그러다가 2005년에 중국으로 가서 개인사업을 하게 되었습니다. 중국에서 8년이 넘는 시간을 보내고 다시 일본에서 1년 넘게 생활하게 되었습니다. 그 기간 동안 저는 개인적으로 인격 수양의 시간

을 갖게 되었고 과거를 되돌아보게 되었습니다. 이때 '내가 왜 우리 부모님의 자식으로 태어났는지, 왜 저 사람들이 나의 형제가 되었는지' 등 많은 의문들을 던졌습니다. 지금 생각해보면 증산 상제님의 진리를 받아들일 수 있게 되는 밑바탕이 마련된 시기라고 생각합니다. 하지만 이때에도 상제님의 진리에 대해서는 전혀 몰랐습니다.

저는 가끔 한국에 들어오면 친구들을 보게 되었는데, 다행히 그때 저를 이 자리에까지 올 수 있게 해준 친구와 가끔 만날 수 있게 되었습니다. 그때마다 친구가 저에게 책을 주었습니다. 받은 책들 중에서 개벽에 관한 여러 권의 책을 읽게 되었지만 그냥 읽지 않고 책장에 꽂아둔 것도 있었습니다. 거의 10년에 가까운 외국생활을 끝냄과 동시에 직장도 그만두고 2014년에 귀국을 하였습니다.

귀국을 해서 이번에도 저는 개인사업을 하게 되었습니다, 그런데 예전에 만난 한 스님은 저는 사업하면 안된다고 했었습니다. 그래서 오히려 사업으로 한번 성공해보고 싶다는 욕망이 강했습니다. 하지만 잘 안됐습니다. 너무 힘들어서 저녁에 알바를 시작하였습니다. 그런 생활을 몇 개월째 계속하다보니 솔직히 많이 힘들고 지쳤습니다. 그때쯤 친구가 2014년 동지대치성이 대전에서 있는데 올 수 있겠냐고 물어봤습니다. 저는 그때 가겠다고 했습니다. 뭔가 새로운 전환이 필요한 시기였습니다. 저는 동지치성에 참석하면서 아무 생각 없이 태을주를 따라서 읽기 시작했습니다. 주문을 읽다보니 어느 순간 가슴을 누르고 있던 큰 돌덩이가 사라진 느낌을 받았습니다.

사실 저는 아버지와 사이가 좋지 않습니다. 아버지만 보면 아무 말이 없어도 속에서 울컥하는 게 올라왔죠. 부모님과 같이 있다는 것, 같은 집에 산다는 것 자체가 저에게는 너무나도 큰 스트레스였습니다. 하지만 동지대치성을 다녀온 후로는 아버지와 같이 있어도 아무렇지 않았습니다. 나를 짓누르던 무엇인가가 사르르 없어진 느낌이었습니다. 그때 생각했습니다. 이건 그냥 스쳐 지나칠 것이 아니다. 그날로 저는 친구에게 전화를 해서 도장에 나가고 싶다고 말했습니다.

그리하여 광안도장에서 수행이 시작되었습니다. 수행 7일째 저는 그날 온몸에 전율을 경험하게 되었습니다. 옆에 사람이 없는데도 바로 옆에서 이상한 톤의 목소리가 태을주를 같이 읽고 있는 겁니다. 속으로 '그래, 이게 말로만 듣던 신령님이 같이 태을주를 읽는 소리인가?' 그렇게 생각하면서 태을주에 집중하지 못했습니다. 정말인지 아닌지 몰라서 포정님과 다른 성도님에게 물어보니, 신령님 목소리의 주파수가 사람과 다르고 남자인지 여자인지 구별이 잘 안 간다고 하시더군요. 그러면서 더욱더 태을주 읽기를 생활화하기 위해서 MP3 파일을 항상 틀어 놓고 길을 가면서도 화장실에 있으면서도 듣기 시작했습니다.

놀라운 일이 일어났습니다. 저는 태어나면서 신장이 안 좋았고, 장기간 외국에서의 생활로 인해 술을 많이 마시다보니 1년 전부터 소변에서 거품이 나기 시작하면서 거품의 양이 점점 많아졌는데, 지금은 그 거품이 없어진 것입니다. 또 한번은 MP3 파일을 틀어놓고 자는데 제가 잠자는 저를 보고 있었습니다. 이때 핸드폰에서는 태사부님께서 태을주를 읽는 부분이었는데 갑자기 태사부님의 목소리가 "네가 아직도 무엇을 잘못했는지 몰라!" 하고 야단을 치시는 목소리가 나면서 저는 누운 상태로 엉엉 울면서 "잘못했습니다. 용서해주세요!"라고 하며 빌었습니다. 다음 날 아침에 일어났을 때 정말 정신이 멍했고, 그 멍한 상태에서 지난날의 잘못이 파노라마처럼 펼쳐지는데 너무도 많은 잘못으로 도대체 무엇부터 용서를 빌어야 할지 몰랐습니다. 그러면서도 마음에서는 감사한 마음이 흘러나왔습니다.

증산도 기본진리 공부가 거의 끝날 때쯤, 그날도 역시 잠자기 전 『도전』을 읽고 책을 딱 덮고 핸드폰으로 태을주를 켜놓고 순식간에 잠이 들었습니다. 잠이 들 무렵 화들짝 놀랐습니다. 잠잔다고 누워서 그렇게 놀라기는 처음이었습니다. 도공 부분이 아니기 때문에 분명히 사부님의 성음만이 들려야 하는데 두 사람이 태을주 읽는 소리가 들렸습니다. 눈을 뜨면 그 목소리가 사라질 것 같아서 눈을 꼭 감고 소리에 더욱 집중했는데, 아무리 들어도 두 목소리였습니다. 그때 '아, 조상님이시구나!'라고 느꼈습니다. 제가 속으로 그랬습니다. '제가 잘 때도 태을주를 틀어 놓으니 좋으시죠.^^' 너무 기뻤고요, 또 바로 옆에 조상님이 계신다는 게 더욱 든든해진 느낌, 더 가까워진 느낌이었답니다.

이제 4월 5일 청명에 저는 상제님의 영광스런 일꾼으로 새로 태어납니다(사실 그날은 저의 생일이라 더 뜻깊은 날이랍니다). 다만 저는 태사부님의 말씀이신 "일심이 죽기보다 어렵느니라."를 매일 생각합니다. 도장에서 배우면 배울수록 『도전』을 읽으면 읽을수록 증산 상제님의 일꾼으로서 더욱 더 막중한 책임을 느끼게 됩니다. 더불어서 제가 증산 상제님의 진리를 만날 수 있도록 60년 공덕으로 저를 보내주신 조상님들, 어쩌면 거의 10년이 되는 외국생활은 제가 상제님의 진리를 제대로 받아들이게 하기 위해서 조상님께서 그렇게 만드신 게 아닌가 하는 생각도 해봅니다. 10년이 되는 시간 동안 끊임없이 진리를 전해준 성도님, 옆에서 가이드라인을 잡아준 성도님, 긴 시간 열정적으로 교리를 가르쳐주신 포정님, 그리고 지금의 증산도가 있게 해서 저 같은 사람을 구원해주신 상제님 태모님, 태사부님과 사부님의 은혜에 정말 정말 감사드립니다. 태사부님과 사부님께서 펼쳐놓으신 증산 상제님의 진리를 잘 받들어 충실한 상제님의 일꾼이 되겠습니다. ◎

천지광명 사관이 우리 역사다

역사, 천지광명, 상제문화

김동현(44)

강원 영월군 / 회사원 / 145년 음6월 / 부산온천도장

2014년 어느 여름날, '우리 역사에 대한 특강이 있는데 시간이 되면 같이 가자'고 친구에게서 문자가 왔습니다. 어느 정도 역사에 관심도 있고 사극이나 역사 스페셜을 관심 있게 보는 편이라 흔쾌히 따라갔습니다. 특강이 있던 곳은 광안리에 있는 도장이라 했습니다. 도장? 무슨 도장? 가만히 생각해 보니 그 친구가 이전에 이야기한 것도 같아서 어떤 곳인지 가 보았습니다. 더운 여름이라 반바지에 슬리퍼를 신고 갔는데 친구는 흠칫 놀라며 당황해했습니다. 저는 영문을 몰랐습니다. 그냥 역사특강이라 듣기만 하면 되는 줄 알았습니다. 옷차림 때문에 맨 뒤쪽에 자리를 잡고 앉았습니다. 그곳은 사뭇 진지한 분위기였고 또 뭔가 종교 같은 느낌이 났습니다. 그날은 특강이라 그런지 사람들이 많았습니다.

친구 얘기로는 강의하시는 분이 어느 대학교 교수님이라 했습니다. 특강이 시작되고 나서 우리의 역사는 9천 년이라는 말을 들었습니다. 보통 우리가 알기로는 반만년 역사라 배워 왔었는데 생소한 이야기라 귀가 솔깃했습니다. 환국, 배달국, 홍산문화 등 단군 이전의 우리 민족 역사가 세계 역사문화의 시원이요 중심이었다는 사실도 듣게 되었습니다. 아! 새로운 역사 이야기에 푹 빠지면서도 어리둥절했습니다. "천지광명, 광명사관이 우리 문화역사다. 그 역사에 대해 기록한 책이 『환단고기』다."라는 내용에서는 '아아... 이게 무슨 말인가?' 하며 계속 경청하였습니다. 천지인간의 광명정신인 환, 단의 뜻을 설명하는 부분에서는 자기 안에 천지부모의 광명을 갖고 있다고도 하였습니다.

들으면 들을수록 궁금했고 강의가 끝나고 나서 친구에게 "처음이라 그런지 무슨 말인지 잘 모르겠다."며 물어 보았습니다. 친구는 저에게 "이 모든 이야기는 증산도에서만 말하는 것이며, 그것은 한민족 본래의 믿음과 정신세계인 상제문화다."라고 하는 것입니다. '아, 뭐지? 종교인가?' 아리송했습니다. 또한 『증산도의 진리』 핵심은 우주의 원리로 원시반본이라 했습니다. 무슨 말인지 어려웠지만 궁금했습니다. 며칠 뒤 친구가 도장을 새로 이전했다며 온천도장으로 가보자고 했습니다. 광안도장과 부산시청 홍산문명 사진전에서 안면이 있었던 안○○ 포정님을 그 곳에서 다시 만나게 되었습니다. 인상도 아주 좋았지만 인품도 아주 좋으신 분이었습니다. 포정님의 여러 가지 이야기를 들으며 조금씩 이해하기 시작하였습니다. 그리고 몇 달에 걸쳐 증산도 진리에 대해 교육을 받았고 입도를 권유받았습니다. 내 마음속의 진한 감동이라 해야 하나 뭔가 모를 끌림으로 인해 시간 날 때마다 공부하고 수행에 임하였고 8월 5일, 생일이기도 한 이날에 입도를 하였습니다. 앞으로 친구와 여러 성도님들과 함께 『증산도의 진리』를 공부하며 참수행을 통해 우리 민족과 가족을 구원하기 위해 노력할 것입니다. ◎

태을주로 제 안의 엄청난 보물들을 깨달았어요

기독교, 태을주, 백문백답

남순연(50)

경북 의성군 / 주부 / 145년 음9월 / 서울강북도장

저는 어려서부터 기독교 신앙을 했습니다. 그러던 중 우연한 기회에 대전에 사는 도道를 공부하는 선생님을 알게 되었습니다. 그분은 천비산天庇山 산중에 절집 식으로 도당을 지어 놓고 공부하는 분입니다. 그분과의 인연으로 저도 도당에 가서 기도했는데 그때 태을주 주문을 처음 알게 되었습니다. 그분이 저의 행복을 위해 기도하고 계신다는 것을 알면서도 처음에는 태을주가 많이 낯설어 읽지 않겠다고 버텼습니다. 왜냐하면 저는 사람을 믿지 않기 때문입니다. 그동안 살아오면서 많은 사람들에게 배신을 당했고 상처를 받았습니다.

저는 몸에 장애가 있습니다. 결혼 후에 남편의 의처증과 술주정으로 인해 수많은 폭력을 당했습니다. 더 이상은 이렇게 살 수 없다고 결단을 내리고 아들을 데리고 집을 나왔습니다. 너무나 힘든 환경 속에서 저는 의지할 곳 하나 없는 몸이 되었죠. 그러던 중 선생님을 통해 증산도가 있다는 것을 알게 되었습니다. 『증산도 백문백답』을 읽고 상제님께서 인간으로 오셨다는 사실과 태모 고수부님이 계시다는 사실에 많이 놀랐습니다. 그래서 상생방송에서 안내하는 전화번호를 눌러 문의했고 안내 책자를 받았습니다. 대전에 계시는 선생님께서 저의 행복을 위해서 오로지 태을주 주문을 읽으며 목표를 가지고 기원해 보자고 간곡히 진심을 다해 이야기해 주셨습니다. 그래서 저는 지푸라기라도 잡는 심정으로 매일 태을주를 읽으며 그곳 도당에 입문하여 수행 생활을 시작하게 되었습니다. 그런데 신기하게도 도당에서 주문수행을 하면 그동안 풀리지 않을 것만 같았던 일들이 실타래가 하나하나 풀리듯 해결되었고 생활에도 많은 변화가 생기기 시작했습니다. 주문을 읽을 때와 읽지 않을 때의 마음가짐이 엄청나게 다르다는 사실을 몸소 깨닫게 되었습니다.

태을주을 읽으면 마음이 편안해졌습니다. 생명 깊숙한 곳부터 올라오는 환희와 감사함은 제가 처음 느끼는 체험이었습니다. 체험을 한 후부터는 태을주를 빠뜨리지 않고 매일매일 감사한 마음으로 읽고 있습니다. 그런 간절한 마음 때문이었는지 그동안 고민해왔던 집 문제가 거짓말처럼 말끔히 해결되었습니다. 임대 아파트에 입주할 수 있다는 연락을 받게 되었고 지금은 감사한 마음으로 아들과 함께 살고 있습니다. 태을주를 읽으면서 특히 제 몸에 많은 변화들이 일어나기 시작했습니다. 친정어머니께서 40대 후반에 저를 임신하셨는데 노산老産이라는 위험 때문에 저를 유산시키기 위해 많은 약을 복용하셨고 결국 저는 약으로 인해 왼쪽 손이 오무라져 펴지지 않는 장애를 가지고 태어나게 되었습니다. 학창 시절 남들과 다른 외모로 힘들게 살아오면서, 참 울기도 많이 울었습니다. 그렇다고 해서 바뀌어지는 건 하나도 없었습니다.

태을주를 읽으면서 제 안에 엄청난 보물들이 많다는 것을 깨달았습니다. 제 왼쪽 팔은 평생을 살면서 단 한 번도 펴진 적이 없었는데 매일매일 감사한 마음으로 태을주 수행을 하니 기적이 일어났습니다. 어느 순간, 물건을 집기 위해 왼손을 올렸는데 굽었던 팔과 손이 자연스럽게 펴지는 게 아니겠습니까? 너무나 놀라서 다시 해 보니 또 펴지는 겁니다. 그때의 감동을 절대 잊을 수 없습니다. 태을주를 읽을 때마다 손을 똑바로 펴고 정상적인 생활을 할 수 있는 제가 되겠다고 기원드렸거든요. 아들에게 기적과 같은 모습을 직접 보여줬더니 아들도 두 눈이 동그래지면서 많이 놀라더군요. 저는 태을주를 만난 후 제2의 인생을 새로 살고 있습니다. 아직 많이 부족하지만 입도 후에도 태을주와 도공을 열심히 하겠습니다. 증산도 신앙인으로서 자긍심을 갖고 초발심을 잃지 않겠습니다. 제가 제2의 인생을 살고 있는 것처럼 주위 사람들에게 인간으로 오신 상제님의 진리를 전하고 인류에게 주신 가장 큰 선물인 태을주를 많이 전하겠습니다. 그래서 그들이 새로운 인생의 길을 맛 볼 수 있도록 기회를 주고 싶습니다. 마지막으로 천지일월 부모님께 보은하는 신앙을 할 것을 다짐하며 끝맺으려 합니다. 보은! ◎

인간으로 오신
상제님 이야기

역사, 이것이 개벽이다, 국통맥, 상제님, 도전

이은희(33)

경북 포항시 / 증산도 부포정 / 133년 음5월
/ 태전도안도장

Q 요즘 근황은 어떠세요?

대학가 역사찾기활동 저는 창원명서도장에서 대학생포교부 수석
포감으로 봉직하고 있습니다. 요즘은 대학교에서 9천 년 한민족의
뿌리역사를 밝히는 홍산문명사진전과 역사세미나를 진행하고 있습
니다.

2009년부터 역사가 필수에서 선택과목으로 개정되었다가 최근
다시 한국사가 2017학년도 대입 필수과목으로 지정되었는데, 활동
을 하면서 느낀 점은 그 사이에 대학생들이 역사와 너무 많이 멀어
졌구나 하는 것입니다. 졸업을 하고도 취직이 어려운 현실에서 취
업 말고는 다른 것에 관심 가질 여유가 없는 대학생들을 보면 안타
까운 마음이 듭니다. 그럴 때마다 상제님의 신교문화와 국통맥을
적극적으로 전해서 우리가 역사를 알아야 하는 이유와 역사의 주인
공이신 상제님을 바르게 모시는 참신앙인이 될 수 있도록 더욱 노
력해야겠구나 다짐합니다.

단짝이 전해준 개벽이야기 증산도를 만난 것은 대학교 4학년 때입니다. 하루는 고등학교 단짝이었던 은미에게 문자 한 통이 왔습니다. "『이것이 개벽이다』 꼭 사서 읽어봐" 하는 내용이었습니다. 친구가 추천하는 책이라 서점에 가서 구입을 하였습니다. '개벽?'이라는 단어를 보자마자 많은 생각이 떠올랐습니다. 그리고 친구에게 물었습니다. "개벽이라니? 이곳이 무엇을 하는 곳인데?" 친구는 '증산도'라고 했고, 학교동아리에 가서 이야기를 들어보라고 했습니다. 그때는 동아리방에서 들은 진리 내용이 크게 와 닿지 않았습니다. 그저 친구와 오랜만에 만나서 예전처럼 지내고 싶었는데…. 만나면 자꾸 상제님 진리 이야기만 하는 것이 싫어서 전화도 받지 않았습니다. 그 후 시간이 지나면서 하루하루 생활하는 모든 일들이 점점 무의미해졌고 재미가 없어졌습니다. 뭔가 가슴이 뻥 뚫리고 허전한 마음이 들었습니다. 그러는 동안 가끔씩 신문이나 뉴스를 보면 증산도에서 들었던 이야기가 생각났습니다. "네가 개벽을 인정하지 않더라도 세상은 개벽을 향해 가고 있어"라고 했던 친구의 말이 떠올랐습니다. 책꽂이에 꽂아두었던 『이것이 개벽이다』를 꺼냈습니다. 무심코 책장을 넘긴 부분은 「격암유록」의 한 구절이었습니다. "각각의 도와 교가 제 나름대로 주장하지만 신앙혁명이 이루어짐을 알지 못하는도다. 어떻게 깨치지 못하고 난세에 살 수 있으랴. 하늘이 위대한 도를 내려주는

시대가 바로 지금이라."는 구절에서 하늘이 내려주는 위대한 도가 증산도인가, 증산도에 뭔가 있을 것 같다는 생각이 들었습니다. 하지만 한편으로는 평범한 지금의 현실이 계속되기를 바라는 마음에 부정하고 싶고 더 이상 생각하기 싫었습니다.

국통맥과 상제문화를 접하고 그렇게 3개월이 지난 어느 날, 친구에게서 연락이 왔습니다. 그날은 이상하게 전화를 받아야겠다는 생각이 들었고, 학교에서 열리는 역사패널전시회에 오라고 해서 행사장으로 갔습니다. 입구에는 역대 환인, 환웅, 단군님의 사진들이 전시되어 있었습니다. 친구의 친절한 안내로 행사장을 둘러보는 동안 친구의 마음이 저에게 전해졌는지 기분이 좋아졌습니다. 그날 오후 역사세미나에 참석하게 되었는데, 환국, 배달, 고조선에서 대한민국으로 이어지는 나라의 족보인 국통맥에 관한 이야기를 듣게 되었습니다. 전 세계의 뿌리가 되고 인류 창세역사의 주인공이 바로 우리 민족이라는 것을 알고 무한한 자긍심을 느꼈습니다. 또 국통맥을 통해 역사의 정신문화가 면면히 이어져 내려옴을 알게 되어 무척이나 신기했습니다. 그리고 그 중심에 상제문화가 있다는 것을 알게 되었습니다. 나중에 들은 이야기인데, 제가 전화를 받지 않은 3개월 동안 친구는 매일 아침 일찍 등교하여 동아리방에서 수업 시작하기 전까지 300배례를 하며 저를 위해 기도했다는 말을 전해 들었습니다. '그때 친구의 정성이 나의 마음을 움직였구나' 하는 생각에 참 고마운 마음이 들었습니다.

충격! 인간으로 오신 상제님 진리를 공부하면서 가장 충격적인 이야기는 인간으로 오신 상제님이었습니다. 집안이 불교이긴 했지만 저는 신이나 하느님이 있다고 믿지 않았습니다. 처음에는 상제님의 존재도 받아들이기 힘들었는데 인간으로 오신 상제님의 이야기는 더더욱 믿을 수 없었습니다. 하지만 공부를 하면 할수록 인생을 뛰어넘는 더 큰 시간의 주기인 우주 1년이 있고 지금은 우주의 여름에서 가을로 넘어가는 개벽기이며, 이때에는 도저히 인간의 힘으로는 극복할 수 없겠다는 생각이 들었습니다. 특히 인간과 신명을 구원하시기 위해 물샐틈없이 짜 놓으신 상제님의 천지공사를 공부하면서 '정말 하느님, 절대자가 아니면 도저히 할 수 없는 일이구나'라는 생각에 상제님이 계심을 비로소 느낄 수 있었습니다. 하지만 신앙을 결심하기까지는 정말 고민을 많이 했습니다. 그때 '이것이다.'라고 확신을 가져다 준 계기는 동아리방에 꽂혀 있던 신앙수기를 꺼내보면서입니다. 진리를 만나 입도를 결심하게 된 사람들의 사연들이 가슴에 와닿았죠. 그리고 매일 도장에서 배례와 태을주 수행을 꾸준히 하면서 종도사님의 어록과 『도전道典』11편을 읽었던 것이 큰 도움이 되었습니다. 생소한 단어들이 많아 내용을 이해하는 데는 어려웠지만 신앙의 대의와 증산도의 존재 목적에 대해 확신하게 되는 강력한 기운이 가슴 속에 파고드는 것을 느꼈습니다.

Q 신앙하면서 받은 은혜나 체험이 있으세요?

21일 정성수행과 도공체험 입도를 하고 도공수련을 위해 매일 500배례 21일 정성수행을 하였습니다. 마지막 21일 되는 날, 배례를 마치고 도공을 하는데 나의 의지와는 상관없이 손이 움직이더니 머리 목 팔 어깨 배 등 평소 좋지 않는 곳을 두드리며 팔을 휘저었습니다. 그렇게 수십 분이 흐른 뒤 잠에서 깬 것처럼 개운하고 온몸이 시원해지는 것을 느낄 수 있었습니다. 한번은 체육대회를 하고 난 다음날 자고 일어나는데 오른쪽 날갯죽지 쪽에 담이 와서 뻐근하고 바늘로 쿡쿡 쑤시고 기침이나 말조차 할 수 없을 정도로 너무 아프고 고통스러웠습니다. 다음 날 일어나려고 하는데 몸이 말을 듣지 않았습니다. 간신히 몸을 움직여 방을 깨끗이 치우고 청수를 모시고 사배심고를 드리고 도공을 했습니다. 그랬더니 조금 나아진 듯했지만 아픈 고통은 여전했습니다. 다음 날 증산도대학교 교육시간에 태을궁에서 종도사님께서 도공을 내려주시어 여러 성도님들과 정말 신나게 도공을 했는데 언제 그랬냐는 듯 아픈 통증이 사라졌습니다.

할머니가 손주의 몸을 빌어 "태을주를 많이 읽으라. 태을주는 선령 해원 주문이니라."(도전 2:119:7) 하신 상제님 말씀을 태을주 수행을 통해 경험한 적이 있습니다.

하루는 동생이 학교에서 공부하고 있는데 갑자기 참을 수 없을 만큼 가슴이 너무 답답해서 수업 시간을 다 끝내기 힘들어 조퇴하고 집으로 오게 되었습니다. 집에 오자마자 동생이 갑자기 할머니 목소리로 "어휴!! 학교가 너무 재미없고 너무 답답하다!"라고 말하는 것이었습니다. 순간 가족들은 깜짝 놀랐고, 그때부터 돌아가신 할머니의 행동과 말이 동생의 몸을 빌어 나타나기 시작했습니다.

그렇게 10년 동안 동생과 가족들이 무척이나 힘든 시간을 보냈습니다. 저는 늘 '할머니는 자손을 왜 이렇게 힘들게 하실까'라는 생각을 했습니다. 그런데 어머니로부터 할머니가 그러실 수밖에 없는 이유를 듣게 되었습니다. 제가 초등학교 때 치매를 앓고 계셨던 할머니는 저의 집에 계시기를 원했는데, 부모님으로부터 사랑과 보살핌을 받지 못한 아버지는 부모님을 원망하셨고 가기 싫다는 할머니를 서울 큰집으로 보내셨다고 합니다. 그 후 몇 해가 지나 할머니는 눈조차 감지 못하고 돌아가셨습니다. 그 깊은 한으로 저의 동생을 통해 사랑하는 아들과 함께 있고 싶어하신 게 아닌가 생각하였습니다.

선령해원주문 태을주 저는 정성껏 천도식을 올려 드려야겠다고 다짐했습니다. 49일 동안 목욕재계하고 매일 깨끗한 옷으로 갈아입고 새벽 시간대에 2~3시간 태을주 수행을 하였습니다. "할머니! 아버지를 용서하여 주십시오." 할머니의 마음을 헤아려 드리지 못한 마음을 참회하는 기도를 하였습니다. 『도전』을 보면 "부모를 경애하지 않으면 천지를 섬기기 어려우니라. 천지는 억조창생의 부모요, 부모는 자녀의 천지니라. 자손이 선령을 박대하면 선령도 자손을 박대하느니라."(도전 2:26:4~6)는 말씀이 있습니다. 천도식 당일 그동안 자식으로서 잘 모시지 못함을 부모님을 대신하여, 그리고 진리를 만났지만 정성이 부족한 손녀의 잘못을 깊이 참회드리며 기도문을 읽는데, 하염없는 눈물이 흘렀습니다. 천도식을 끝내고 난 후 기분이 너무 좋았고, 뭔가에 체한 듯 가슴이 답답하였는데 체증이 사라지듯 개운함을 느꼈습니다. 다음 날 도장에서 태을주 수행을 하는데 할머니가 나타나셔서 "고맙구나!" 하시면서 환한 미소를 지으시고 저의 머리를 쓰다듬어 주셨습니다. 할머니의 환한 모습에 행복했고 기쁨의 눈물을 흘렸습니다. 동생도 10년의 고통 시간으로부터 벗어날 수 있었습니다. 선령해원주문인 태을주로 조상님을 해원시켜 드린 것입니다.

Q 『도전』에서 좋아하는 성구, 좌우명 성구가 있다면?

뜻 있는 자는… 『도전』 8편 104장에 나오는 성구를 정말 좋아합니다. "유지자사경성(有志者事竟成)이라. 뜻 있는 자는 한 번 뜻을 세우면 평생을 한결같이 일관하여 필경에는 성취한다는 말이요 지성이면 감천이라고, 말로는 쉽지마는 어찌 쉽게 행하리오."(도전 8:104) 대학가에서 진리를 전할 때, 우리나라 상고역사를 중국과 일본에 의해 왜곡되고 잃어버려 상제님을 알지 못하고 우리의 신교문화와 정신을 미신시할 때마다 많은 어려움을 느끼곤 합니다. 하지만 이 성구 말씀을 되새기면서 세상 사람들을 많이 살리겠다고 입도식 때 했던 서원을 굳게 지키고 싶습니다.

Q 앞으로의 각오와 소망이 있다면?

성경신 다하는 일꾼 오래전 태상종도사님께서 "아무리 맛있는 음식을 먹고 좋은 옷을 입고 좋은 집에 살아도 허무한 가슴을 채울 수 없다. 오직 진리만이 허무한 가슴을 채울 수 있다." 하신 말씀을 받든 적이 있습니다. 진리를 만나기 전 저의 마음을 환히 보시고 하시는 말씀 같아 '그렇구나! 내가 진리를 만날 수밖에 없었구나' 하는 탄성이 저절로 나왔습니다. 대학교 때 허무했던 가슴을 참진리로 가득 채워주시고, 평범했던 제 삶을 129,600년 만에 오직 한 번밖에 없는 천지사업을 할 수 있는 기회를 주신 천지일월 부모님과 조상님께 보은하는 참신앙인이 되겠습니다. 제가 그랬듯이 진리를 찾기 위해 방황하는 대학생들에게 상제님 진리를 만날 수 있도록 성경신을 다하는 일꾼이 되겠습니다. ◎

나의 신앙 증산도 31회(이은희)

변혁의 바람
The Winds of Change

도전, 개벽, 정성수행, 상제님, 영성

유숩마마(34)

오스트리아 비엔나/ 회사원 / 143년 음8월
/ 필리핀 마닐라도장

나를 사로잡은 동양의 영성과 우주론

2009년 초반의 어느 날 마닐라에서 각종 종교와 영적 단체를 대표하는 남녀들이 함께하는 모임에 참여한 것이 제가 증산도를 만나게 된 행운의 계기가 되었습니다. 저는 국제종교통합선도기관인 URI(United Religions Initiative, 종교연합 이니시어티브) 협력단체 활동 중의 하나인 각 종교 간 대화 모임에 참석자 일원으로 초대되었습니다. 신학과 철학의 교류를 도모하는 활기차고 건설적인 분위기의 그 모임에서 행사의 조직위원이자 대학 동기인 사라가 이상규 씨를 소개해 주었습니다. 그는 증산도를 설명하기 위해 모임에 참석했으며, 비록 제한된 짧은 시간 때문에 간단히 설명할 수밖에 없었지만, 그가 이야기하는 동양의 영성과 우주론에 관한 내용들은 쉽게 저의 관심을 사로잡았습니다.

저는 이미 동양의 철학 체계 및 다양한 서양의 신지학 주제들에 깊은 관심을 가져왔으며, 동시에 중국에서 기원해서 대만을 통해 필리핀으로 전해진 도교에 이미 입문해 공부하고 있었습니다. 그러나 정통적 도교의 교리 차원을 넘어 지속적으로 변화하는 세상과 우주의 본성 그리고 세상에 활발히 개입하는 천지의 역할에 대한 이상규 씨의 설명은 새로운 독창성이 느껴졌으며, 제가 증산도에 대해 더 많은 것을 알아보도록 충동감을 주었습니다.

It was an auspicious meeting in Manila, sometime in the early quarters of 2009, with other gentlemen and ladies representing other religious and spiritual backgrounds that started my engagement with Jeung San Do. I had been invited as one of the guests and resource person for an interfaith dialogue within an organization active in the cooperation-circles of the international United Religions Initiative(URI). It was during that same event of vibrant and constructive theological and philosophical exchange that an organizer and good friend back in my college university, named Sarah, formally introduced me to one of the guests named Mr. Sang Kyu Lee. He was there as a resource person and he talked about Jeung San Do(JSD). Although Mr. Lee discussed with brevity his spiritual background, as required by the time, his digested points into the topics concerning Eastern spirituality and Cosmology easily caught my attention.

I had already been an avid student of various Western theosophical subjects including Eastern philosophical systems, and at that time period I was already studying Taoist teachings from a lineage traceable to mainland China through a strain of discipleship passed on to Taiwan, then to the Philippines. It was Mr. Sang Kyu Lee's presentation however of fresh, creative insights on this ever-changing nature of the world and universe as well as Heaven and Earth's active participation in them, delivered beyond orthodox Taoist teachings, that made me wish to find out more about Jeung San Do.

증산도의 통합적 가르침

증산도의 가르침들은 다분히 호기심을 불러일으키기에 충분히 신선한 측면이 있으며, 동시에 현재 알려져 있는 거의 모든 다른 종교의 교리 체계들을 수용하면서도 주요한 영적 주제들에 대해 깊이 있는 통찰력으로 호소력 있게 설명해줍니다. 예를 들면 상생의 중요성, 우주 1년의 사이클, 인간 삶의 목적, 조상에 대한 경배, 영원한 우주의 본체, 그리고 심지어 과학의 발전과 현주소 등…. 그 가르침은 참으로 형이상학과 인식론의 전 영역을 통합하는 것처럼 보였습니다. 그리고 그 당시 제가 받은 증산도에 대한 인상은 선천의 (양적인 기운) 원리에 집착하는 일반적으로 알려져 있는 기존의 도교 교리와는 전혀 다른 것이었습니다.

증산도의 가르침은 음양의 역동성에 대한 이해와 그 이상의 것을 전체적으로 포괄하고 있습니다. 따라서 저는 그때 직관적으로 증산도는 일반적인 도교 색채의 조직은 아니며, 차후로도 실망하지 않을 것이라는 것을 느꼈습니다.

The JSD teachings, to be sure, were somehow intriguingly new but eloquently spoke on major spiritual themes encompassing every other religious system, currently known, in such profound manner such as the importance of mutual-life giving, the modelling of the universe and the Cosmic cycle, the purpose of humankind, the need to honor ancestors, the existence of sempiternal realities, and even the development and place of Science-it really seemed to unify a whole range of metaphysical and epistemological doctrines. And my impression at that time was that Jeung San Do differed entirely from more familiar Taoist doctrines that put more emphasis on Early Heaven (Yang energy) principles.

It covered in its entirety both an understanding of Yin and Yang dynamics and even beyond. I, therefore, intuited at the time that Jeung San Do is not your usual Daoist organization and I would not, in fact, be disappointed later on.

천지공사와 개벽진리

그 후 약 2년간에 걸쳐 증산도의 일반 주제들을 세부적으로 논하기 위해 친구들과 함께 이상규 씨를 만났습니다. 제가 처음 읽은 증산도 자료는 『용봉의 춤』이었습니다. 그것은 훌륭한 자료였고 그 책자를 통해 증산도의 주요 교리들, 즉 수행의 중요성, 수행자의 삶, 상생의 주제, 영적 근원자이신 상제님께서 천지대신명들을 거느리고 인류를 위해 행하신 합리적인 천지공사 내용들을 더 잘 이해하게 되었습니다. 증산도 성전인 『도전』도 읽어 보았는데, 처음 보았을 때, 인류의 시원역사가 전개된 것을 포함하여 제가 오랫동안 풀지 못한 매우 근원적이면서도 실존적인 문제들과 직면하게 되었습니다. 그것은 어찌 보면 당연한 것으로, 제가 자라온 제한적인 종교적 배경과 대학에서 배운 기초적인 교양 교육으로는 현재의 인류 문명이 경험하고 있는 기하급수적인 발전들을 수용하기엔 부족하기 때문입니다(증산도를 이해하기 위해서는 제한적이며 기초적인 대학교의 교양 교육만으로는 부족하며, 방대한 보조 자료들이 필요하다는 것을 말하고 있습니다-번역자주). 시간의 파동은 우리들에게 앞으로 다가오는 우주의 가을개벽기에, 이 우주적 법칙 속에서 현 인류가 다른 존재들과의 관계 속에서 궁극적으로 나아가야 할 방향성을 참

되게 설명해주는 그런 통합적 지혜를 과연 어디에서 그리고 누구에게 얻을 것인지를 묻습니다. 그리고 종교와 과학의 끝없는 갈등도 사변적 생각의 틀에서 벗어나 적절하고 의미있는 문맥적 배경 속에서 합리적으로 조화되고 해결되어야 합니다. 저는 또한 저의 실존적 고뇌가 그렇게 많은 방식으로 설명되어질 줄은 기대하지 못했습니다(자신이 가져왔던 고민들이 증산도 진리 속에서 다양한 방식으로 설명되고 있다는 사실을 이야기하고 있습니다-번역자주). 증산도 개벽관의 핵심을 설명한 다음 글귀가 바로 이 점을 가장 잘 나타내준다고 생각합니다.

It will take another two years of casual meetings with Mr. Lee along with other friends to discuss in more depth the general topics taught by Jeung San Do. The first JSD material I read was the "Dance of the Dragon and Phoenix". It was a wonderful read and I understood better the main precepts of Jeung San Do, the importance of meditation and the meditative life, the theme of mutual-life giving, and the logical program of its progenitor and spiritual founder, Jeung San Sangje-nim, for the human race. I also skimmed over the holy book Dojeon and, at first glance, it confronted me with very fundamental existential questions, including the unfolding of human history, that have long been a quandary to my person. This is understandable because my religious background and university training, offering liberal education, needed an immense complement to fully satisfy and encompass the exponential advances taking place in human civilization in the contemporary era. The pulse of the times begs the question where and with whom humanity can find that syncretic or unifying knowledge to properly explain the place and ultimate direction of our specie in relation to other beings within the fabric of the Universal Drama at this incoming period of Cosmic Autumn. Also, the abysmal gap between religion and science needs to be reconciled and properly resolved in a competent, meaningful context outside speculative thinking. I never expected my existential angst to be answered in so many ways, and it may be best addressed in the following words which explain the essence of the process of Gaebyuk and Jeung San Do:

> "개벽의 과정을 통해, 변혁의 과정을 통해, 과거를 치유하고 현재를 살아가며 미래의 새 세계를 여는 과정을 통해 우리는 한 가족이 된다. 개벽의 과정을 통해서 우리는 다가오는 새 세계를 연다. 이것이 바로 『증산도의 진리』다." -안경전 종도사님 (『Dawning of the New Age of Cosmic Autumn』 60쪽)
>
> "Through the process of Gaebyuk, through the process of change, through the process of opening new time in the future, which involves healing the past, engaging the present as well as opening up the future, we come together as one family. We open up the coming new time through the process of Gaebyuk. That is what Jeung San Do is." – Ahn Gyeong-jeon Jongdosanim (Dawning of the New Age of Cosmic Autumn, p.60)

태을주를 통한 변화와 치유

게다가 증산도 가르침의 가치를 총체적으로 재평가하게 만든 것은 주문 수행의 변화의 힘에 대한 개인적인 체험이었습니다. 증산도 가르침의 총결론, 심지어 인류의 모든 깨달음의 결론이 생명의 약인 태을주 주문 23자에 녹아 있다고 합니다. 이러한 말씀은 증산도 가르침의 영적인 지혜나 주문 탄생의 신비로운 역사를 고려할 때 결코 가볍게 생각할 수 없는 것입니다. 제가 처음으로 친구들과 함께 이상규 포정님과 신단 앞에서 주문 수행을 했을 때, 많은 특이한 현상들을 체험했습니다. 그 현상들은 당시 저의 이해 수준으로는 설명할 수 없는 것들이었습니다. 영적인 에너지를 축장시키고, 마음을 맑히는 일, 내지는 현실적인 문제들을 해결하는 것들이 어떻게 단지 30분 정도의 집중되면서 정성스러운 수행, 즉 태을주를 아름답게 읽는 것으로 얻어질 수 있는지? 저는 그 후로도 그러한 질문을 스스로에게 묻곤 했습니다. 안경전 종도사님의 『개벽의 도』에 쓰여 있는 가르침들이 모두 사실이라는 것을 체험적으로 돌이켜 볼 때, 이 말씀은 진정으로 영적인 진리를 갈구하는 구도자들의 겸허한 인식과 진실된 평가가 요구되는 것입니다. 그러나 그러한 일들은 의심할 여지 없이 오직 하늘의 섭리를 통해서만 이루어질 것입니다.

젊은 시절에 누구나 느끼는 사회적 성공에 대한 유혹이 있었지만, 이 포정님의 동의하에 실질적으로 증산도 공부를 고려하기까지 2년의 시간이 걸렸습니다. 이미 『도전』을 통해 증산도의 기본적인 가르침들을 소화한 후, 저는 2012년 후반기에 지금이 더욱 진지한 도제 수업을 시작하기에 적당한 시기라고 생각했습니다. 증산도에 대한 영적인 열망과 숙명적인 이끌림은 더 이상 제가 시간을 지체하지 못하게 하였습니다. 마닐라 도장에서 21일 정성수행을 한 후 저는 즉각적으로 육체적으로나 인격적 측면에서 바람직한 변화가 있다는 것을 느꼈습니다. 두 번째 21일 정성수행 후 저의 친한 친구들과 가족들은 비록 어떤 것이 저를 변화시켰는지 정확히 알지는 못했지만, 뭔가 기운이 변했다는 것을 눈치채기 시작했습니다. 그러나 저는 개인적으로 저를 변화시킨 것은 태을주 수행을 통한 변화력과 치유력이며, 그와 더불어 지속적인 일심법의 개발 및 이 포정님께서 큰 인내심으로 친절하게 인도해주신 것 등이, 저의 악업을 씻고 저의 오라aura를 치유하고 결국 제가 참된 상제님의 일꾼으로 한 걸음 더 나아갈 수 있도록 해주었다고 믿습니다.

In addition, it was my personal observation of the transformative power of the Mantrayoga practices that made me re-appraise the value of Jeung San Do teachings in whole. It is said that the Taeeulju Mantra with its twenty-three characters is the conclusion of all the teachings of Jeung San Do and even human understanding itself, being the Medicine of Life. This assertion must not be taken lightly considering the spiritual wisdom and mystical history behind it. The first time I joined my friends along with Lee Pojongnim and performed mantrayoga before the Shindan, a lot of noteworthy observations became apparent. It was indescribable within my level of reasoning and logic at that time period. How could a condensing of spiritual energy and a clearing of the mind, if not the salving of worldly problems, be possible in only thirty minutes of focused, sincere meditations and a succession of beautiful chanting through the Taeeulju mantra? I used to ask myself that question afterwards.

Looking back, all the narrations taught in the book "The Dao of Gaebyok" by Ahn Gyeong-jeon Jongdosanim are all true and this demands humble acceptance and honest appraisal from researchers and seekers of spiritual truths. Moreover, only through the providence of Heaven can such things be accomplished no doubt.

Notwithstanding a young man's predictable attraction to career ambition, it took two years before I would actually consider undergoing tutelage with Pojongnim Lee's permission. Having digested the preliminary teachings of Jeung San Do earlier through its main book, the Dojeon or the Holy Book of Dao, I believed it was time to begin a more serious apprenticeship during the third quarter of the year 2012. My spiritual aspirations and karmic attraction to Jeung San Do could no longer be delayed. We conducted a twenty-one day intensive meditation at the Manila Dojang and immediately there were both physiological and virtue-developments already taking place. It was succeeded by a second cycle of twenty-one days and all of a sudden, some close friends and family members began to observe changes to my aura although they could not easily point what it is that has changed my persona. To my mind, however, I believe it was the transformative and healing power of meditation, especially through the Taeeulju Mantra, along with a continuous development of Il-Shim or "One-Mind" and the tremendous patience and kind guidance of Pojongnim Lee that has assisted me to fix my karma, heal my aura, and finally prepare me further to be an Il-ggon or "Worker" should I be deemed worthy.

가치 있는 존재

현재 저는 상제님의 천지공사와 우주를 개벽하신 상제님의 천지 공사에 참여하신 성도님들의 헌신과 그분들의 이야기 그리고 상제 님 천지대업을 실현시키기 위해 저희들이 해야 할 미천한 노력들 과 역할들에 대한 생각으로 무척 고무되어 있습니다. 물론 저는 『도 전』에 대한 깊은 이해를 위해 지속적으로 공부할 것입니다. 한 개체적 수준과 그리고 우주적 수준에서 발생하는 자연의 지속적인 발전과 변화의 속성을 고려할 때, 증산도에서 강조하는 개벽의 교리는 필연코 거시적 차원에서 이 세상에 그 진리의 참된 위상과 당위성을 얻을 것이라 믿습니다. 증산도의 가르침들은 진정으로 저를 더 나은 방향으로 변화시켰으며, 저는 증산도 신앙을 통해 저의 삶 속에서 생명력 있는 한 구성원으로, 바라건대 인류를 위해 삶 속에서 진리나 신을 찾아 방황하는 사람들에게 비록 미천하지만 가치 있는 모델로 변화하고자 합니다.

성부이신 증산 상제님께서 밝혀주시고 가르쳐주신 후천의 도는 인류의 도통문화이며 그리고 인류 역사의 현시점에서 더욱 그 필요성이 요구되는 치유문화를 개발하는 것입니다. 증산도의 도통과 치유문화의 가르침은 이 시대에 가장 중요한 영적 질문들에 대한 해답을 주며, 또한 가능한 최선의 방법으로 세상을 새롭게 할 변혁의 바람인 것입니다.

Right now, I am tremendously inspired by the example and stories of Sangje-nim's holy work and disciples, which includes their devotion and participation in the continuing unfolding of Sangje-nim's Cheongjigeongsa or the divine "work of renewing heaven and earth", and the humble contributions we can partake with in order to effect its realization. I also continue to study and reflect further on the Dojeon texts. I believe that under the pretext of a continually evolving and changing state of nature, either in the individual or in the cosmic strata, the doctrine of Gaebyuk emphasized in Jeung San Do will also definitely find its proper place and true relevance in the world at large. The teachings of Jeung San Do has surely changed me for the better and I plan to turn the JSD practices into a living component in my life, hopefully as a humble and worthy model for others who are seeking out Truth and God in their lives, in service to mankind.

The Dao of the Later Heaven, as revealed and taught by the Holy Father Jeungsan Sangje-nim, is geared towards the development of a culture of enlightenment and a culture of healing much needed at this point in time of human history. It answers the most important spiritual questions of the times and it is the winds of change that will renew the world in the best possible way. ◎

상제님 진리로 거듭난 필리핀 일꾼

이상규(포정) | 필리핀 마닐라도장

저는 증산도 홍보 및 필리핀 종교 단체의 활동 등을 알아보기 위해 2008년부터 국제종교연합선도기관인 URI의 협력 단체 활동인 종교 간 대화모임에 참석하기 시작했습니다. 그러다 2009년 5월쯤 종교 간 대화모임 중에 행사 진행자인 사라 양으로부터 유숩 씨를 소개받았습니다. 짧은 시간 증산도에 대해서 설명을 했는데 많은 관심을 보였습니다. 진행자에게 그 장소를 빌려서 모임 참여자 중 관심 있는 이들을 상대로 증산도 우주론 강좌를 할 수 있냐고 제안했습니다. 다행히도 여러 명이 관심을 보여서 8월부터 우주론 강의를 매주 금요일 실시했습니다(6회 정도).

우주론 강좌를 진행할 당시 유숩 씨와 몇 명의 관심을 보이는 이들이 도장을 방문했으며, 태을주 수행도 함께 하고 『도전』 및 진리에 대한 이야기도 도담식으로 나누었습니다. 그러나 각자 신앙하는 종교가 따로 있는 상태였고 마음이 크게 열리지 않아서 2009년 말에 모임은 그만두게 되었습니다. 단지 유숩 씨와는 커피숍 등에서 가끔씩 만나서 진리 대화를 나누었습니다. 그러다 2010년 후반부터는 거의 연락을 취하지 못했는데 2012년 2월경 다시 연락이 와서 만나기 시작했습니다. 그때부터는 거의 매주 토요일마다 만나서 진리 대화를 꾸준히 했습니다. 그 후 5월경부터 도장에 와서 수행도 하고 치성도 참석하면서 8월에 입문을 했습니다.

입문 후 꾸준히 일요치성 참석을 하고 21일 정성수행도 몇 차례씩 하면서 스스로 기氣체험 등 다양한 수행체험을 통해 진리와 태을주 수행에 대한 확신을 하면서 입도를 결심하게 되었습니다. 마지막 입도 준비 기간에 그는 여러 가지 집안일과 직장 문제가 터지면서 집중을 못하게 되었는데, 저의 정성 부족으로 생각하고 9월 들어 500배례와 함께 21일 정성수행 및 기도를 해주었으며, 그 후 안정적으로 모든 입도 절차를 마친 상태입니다.

유숩 신도는 집안이 이슬람교를 신앙하고 있으나, 본인 스스로 영적인 주제에 관심이 많은 편입니다. 다양한 종교나 영성 단체에 대해 많은 배경 지식이 있는 상태에서 증산도를 만나서 상제님 진리 및 상제님이 우주의 절대자라는 것에 대한 강한 확신을 가지고 있습니다. 또한 태을주 수행에 대한 체험과 일심법 개발의 의미에 대해 진지한 태도를 가지고 있으며, 육임포교의 의지도 강한 편입니다. 외국인으로서 교육 자료의 한계에도 불구하고 『도전』을 꾸준히 읽고 소화를 시켜가고 있으며, 진리 주제에 대한 학습 의지가 강해서 교육이 꾸준히 잘 이루어지면, 큰 일꾼으로 많은 일을 하리라 확신합니다. ◎

인생에 대한
오랜 궁금증이 풀렸어요

동아리, 삶의 목적, 우주 1년

이동우(26)

서울 은평구 / 유학생 / 143년 음11월 / 서울강북도장

삶에 물음표를 달고서

중학교 시절이다. 수학 과목을 지도하시는 과외 선생님 수업 중에 문뜩 물어보았다. '인간은 왜 태어났고 사는가'에 대해서 당시 선생님은 나에게 "인간은 왜 사느냐가 중요한 것이 아니라 어떻게 살아가느냐가 더 중요하다."고 답해주셨다. 당시 난 '우와!' 정말 멋진 말이라고 생각하면서도 '나는 왜 하필 인간으로 태어났고 왜 인간으로 사는가'란 질문이 마음속에서 가시질 않았다. 질문을 한 이후에도 철학 인터넷카페 등에 물어보고 하였지만 답을 구하질 못했다. 또한 '왜 인간으로 살아가는가'란 물음에 대해서 생각해본 사람이 거의 없다는 것 역시 알게 되었다. 난 그렇게 고등학교를 다니게 되었고 내 마음 속에 있던 의문은 수험 생활로 잠시 잊혀졌다.

'증산도'란 이름을 처음 들어본 때 역시 중학교 시절이었다. 좋아하는 가수 때문에 알게 되었는데 당시 정확히 어떤 곳인진 몰랐다. 친구가 가수 ○○이 증산도 신자라고 이야기해줘서 증산도의 존재를 알게 되었다. 물론 "거기 좀 사이비 같은 곳이래."란 말과 함께 말이다.

우연이자 필연적 만남

증산도가 정확히 어떤 곳인진 2008년 봄 대학생 신입생 시절 강○○이란 형과 정말 우연이자 필연적 만남이 있고 나서이다. 처음 그 형을 만났을 때 증산도 신도인 줄도 몰랐고 증산도가 계기가 되어서 알게 된 것도 아니었다. 학교 화장실에 '꺼리터'라는 동아리 홍보 전단을 보았고, 관심이 생겨 연락을 한 후 동아리 방에 찾아가니 거기에 그 형이 있었다.

나는 본래 소극적이고 주변 상황에 움츠러드는 성격이 아니었다. 그럼에도 수능을 두 번 보고 대학에 입학하고는 모든 게 낯선 상황에서 난 주변을 경계했고 내 자신에 대한 자신이 없었다. 하지만 이상하리만치 거기에 있던 그 형과의 대화는 자연스러웠고 내 안의 이야기를 서슴지 않고 이야기했다. 처음 만난 이후로 동아리 후배도 아니고 과 후배도 아니고, 그냥 예전부터 잘 알고 지내는 형과 동생처럼 연緣을 이어갔다.

그해 여름, 형은 본인이 증산도 신자라는 사실과 함께 증산도에 관해서 이야기를 꺼냈다. 지금 정확히 어떤 내용을 들었는진 기억나지 않는다. 당시 다소의 놀라움과 부담스러움 그리고 낯섦만이 머릿속에 남아있다.

증산도에 대한 이야기를 듣고 형과 거리가 멀어지진 않았다. 무엇 때문인진 몰라도 계속 관심이 갔었다. 증산도의 교리를 통해 지금 세상에 일어나는 정치, 경제, 환경 상황들을 이야기하는 것이 재미있었고 더욱더 날 고민하게 만들었다.

2년 후 난 군대를 갔고 전역 후 바로 미국에 교환학생으로 1년가량 다녀왔다. 군대에 있을 때도 부대 안의 전화를 통해 형과 대화가 계속되었고 형은 지구촌 전역에서 일어나는 일들을 자료집에 담아 군부대로 보내주셨다. 미국에 교환학생으로 갔을 당시엔 미국에서 보고 느낀 것들에 대해서 인터넷 통신수단을 통해 종종 이야기를 나누곤 했다. 귀국 후 그렇게 그 형을 통해서 증산도에 관심 가진 지 5년이란 시간이 지났다.

증폭되는 궁금증과 의문

5년 후 마음속에는 어린 시절 내가 품어왔던 궁금증과 의문이 5년간 내가 보고 듣고 읽고 경험했던 일들과 함께 더 크게 다시 다가왔다. '나는 왜 태어났는가, 왜 하필 대한민국이란 곳에 지금 부모님에게 기사생 이동우로 태어났는가', '왜 어떤 사람은 무탈하게 좋은 부모님을 만나 잘 살고 또 어떤 이는 필요 이상으로 힘든 일을 겪으며 살아가고, 또 사람이 죽는 순간에도 왜 각자 죽는 시점과 죽음을 맞이하는 모습이 다른가', '왜 인류는 지구에서 이러한 물질문명의 번영을 누리며 살고, 왜 하필 인간인가'

짧은 식견으로 인류의 발전과 번영은 수많은 우연과 필연으로 발전되어 왔다고 생각한다. 수많은 우연의 사건들이 일어나고 그 우연의 사건들은 합목적성을 갖게 되어 필연이 되었고, 우리의 역사는 응당 그렇게 발전하고 나아가게 된 것들, 그리고 그렇게 될 것들인 것이다. 선지자를 뒤이은 많은 자들이 역사에서 일어났던 순간순간의 발전과 사건들에 대해 많은 이론을 가지고 결과를 분석하지만 정녕 그 사건들이 일어나는 순간에는 그 이론이란 없었다. 그리고 2013년 12월을 살고 있는 우리의 세계는 양극화, 고령화, 자원의 고갈, 환경문제 등을 맞고 있으며 모두가 열심히 노력을 하고 경쟁을 하지만 정녕 본인은 무엇을 위해 경쟁을 하고 나아가야 하는지 어디로 가야할지 모르는 무규범의 세계라 말해도 과언이 아니다.

기존의 주류 제도권 학문으로는 지금의 우리 우주 그리고 내 삶이 설명 가능치 않은 때에 난 5년간의 강○○ 포감님(형)과의 연緣 그리고 증산도에 대한 영적 끌림으로 다시 한번 증산도를 접하게 되었다. 많은 교리에 대해서 들었지만 다시 정식으로 팔관법을 공부할 때에는 우주 1년, 지축의 변화, 생장염장, 신명과 인간 그리고 조상님의 음덕 등 내 가슴속에 있던 궁금증들이 스멀스멀 풀리기 시작했고 이치에 닿았다.

인간은 더 성숙된 존재로 발전하기 위해서 태어났고 그 흐름은 우주의 일년, '봄 여름 가을 겨울'의 큰 흐름에 근거하는 것인 걸. 우리 인류의 역사발전 과정 역시도 우주 1년의 흐름 속에서 그렇게 발전해왔고, 그 속에는 인간의 기지와 신명의 도움으로 완성이 되었고 완성되고 있다는 걸. 나는 조상님의 음덕과 간절한 기도로 인해 태어난 사실을. 이 이치들을 알고 난 후 알기 전에 생각되었던 역사에서 일어나는 우연이 그리고 우리 삶에 일어나는 우연들이 단순히 우연이 아니라 신명과 인간이 함께 이루어낸 필연인 것을. 이 모든 이치는 상제님이 주재하고 계신다는 것을.

내가 왜 인간으로 태어났는지, 왜 살아가는지에 대한 의문이 풀린 순간엔 어떻게 살아가야 하는지는 필연적으로 알았다. 또한 우주가 흘러가는 큰 흐름을 앎으로써 앞으로 다가올 시대에 내가 해야 할 것은 무엇인지 알 수 있었다. 아직 모든 걸 안다고 생각지는 않는다. 배움이 끝났다고 생각지 않는다. 하지만 5년간의 기다림과 때를 믿고 내 직관과 영감을 믿고 입도를 결정하게 되었다.

5년간 계속 믿고 이끌어 주었던 강 포감님, 정식으로 팔관법 교육을 맡아주신 여러 포감님들과 따뜻한 시선으로 지켜봐주신 수호사님, 고려대학교 증산도학생회 회장님 등 모든 분들께 진심으로 감사드린다. 마지막으로 언제나 제 곁을 지켜주시고 이끌어주신 조상님들과 제 삶의 영감이신 어머니, 아버지 그리고 하나뿐인 동생을 사랑하고 감사드린다.

끝이 아니라 새로운 시작인 이 시점에 언제나 깨어있고 길들여지지 않겠습니다. 간절하게 제 삶의 몫을 살아가겠습니다. 상생, 우리 모두와 함께! ◎

우주가 흘러가는 큰 흐름을
앎으로써 앞으로 다가올
시대에 내가 해야 할 것은
무엇인지 알 수 있었다.

천지성공에서 발견한 인류의 보편적인 진리

천지성공 , 진리, 삼신신앙, 도전, 환단고기

오종민(40)

경북 구미 / 주벨기에 대사관 사무관 / 143년 음12월
/ 서울동대문도장

증산도와의 첫 만남

증산도를 알게 된 계기는 여자 친구로부터였습니다. 증산도 도장에 다닌다는 말을 듣고 처음엔 '증산도가 뭐지'라는 의문과 함께 태권도·유도·검도 같은 것을 하는 곳이겠거니 생각했습니다. 나중에 청수를 모신다는 말과 민족종교라는 말을 듣고, '아, 내가 생각한 '도'가 그 '도'가 아니라 하늘의 '도道'를 말하는 것이었구나'라는 것을 깨닫고 무척 당황스러웠습니다. 지금껏 들어보지 못한 종교이기 때문입니다.

당시 처음 느낀 것은 '왜 하필 이런 종교를 믿을까'였습니다(물론 지금은 '증산도'의 의미를 잘 알지만). 실로 사람의 사상 혹은 신앙이란, 특히 어렸을 때부터 가져온 신앙이나 사상은 참으로 무서운 것입니다. 그것은 한 사람의 정신적 바탕을 형성하기도 하지만, 마찬가지로 자신의 성을 쌓고 벽을 쌓아 다른 사상을 편견을 가지고 바라보게 합니다. 저도 그랬습니다.

인터넷을 통해, 그리고 제 스스로 정보를 모으며 어떤 종교인지 알고자 했습니다. 지금껏 들어보지 못한 내용을 접하고 놀랍기도 했지만, 여전히 편견을 버리기는 어려웠습니다. 혼자서 대충 습득한 얕은 지식과 체험 없이 머리로만 생각하는 이론을 가지고는 옳은 판단이 어려웠습니다.

저는 스스로 편견을 가지지 않기 위해 노력하는 사람이라고 정의합니다. 그럼에도 불구하고, 처음 가진 생각은 부정적일 수밖에 없었습니다. 불교가 들어오기 훨씬 전부터 있던 우리 민족의 원 종교이기도 하고, 정작 따지고 보면 저의 뿌리도 '신교神敎'인 것을 잘 알면서 왜 그랬을까요? 아마도 저의 가슴 한편에 자리한 두려움 때문이었던 것 같습니다.

생생히 남아있는 고통의 기억

어머니 말씀에 따르면, 저는 사실 아버지의 외숙모 되시는 분(진외종모)께서 하늘의 선신께 기도드려 점지한 아이라고 합니다. 기도드린 곳은 팔공산 삼신당. 어머니께서는 당시 가정 형편도 어려웠고 나이가 많은 편이셔서 저를 키울 자신이 없어 처음엔 유산하겠다고 마음먹었다 합니다. 그런데 어느 날 신묘한 꿈을 꾸시고 나선 저를 잘 키우겠다는 결심을 하셨다고 합니다.

어렸을 적, 저는 크게 한 번 아픈 적이 있었습니다. 큰형수 되시는 분이 저희 집에 시집을 왔던 때였습니다. 당시 형수님은 성당에 다녔고, 시집을 오고 나서도 본인의 신앙은 유지하셨습니다. 더 나아가 우리 가족 모두를 성당으로 인도하고자 하였습니다. 그 문제에 대해 어머니는 부정적이셨지만, 형님은 형수님의 종교를 존중하고 함께 다니고자 하였습니다.

하루는 제가 마루에서 이종사촌 형과 함께 놀다가 마루에 있던 찬장에 머리를 부딪치고 말았습니다. 그날 저녁부터 아프기 시작하더니 온몸이 갑자기 마비되고 손가락 하나 움직일 수 없게 되어버렸습니다. 그로부터 6개월간 침을 맞고, 굿을 하고, 아무리 병원을 다니고 다녀도 병명도 원인도 치료책도 알 수가 없었습니다. 결국엔 소변을 보지 못해 방광이 붓고 배가 터져나갈 것 같이 커졌습니다. 병원에선 마음의 준비를 하라는 통보를 하였습니다(30여 년이 지난 지금도 그 고통의 기억은 생생히 제 머리와 몸에 남아 있을 정도로 너무도 아프고 괴로웠습니다).

바로 그때, 저의 진외종모께서 어머니를 찾아오셨습니다. 그 할머니께서 천문을 읽으시고 어머니를 찾아와서는 당장 집 마루에 있는 찬장을 버리라고 말씀하시고는 팔공산 신령님께 사죄하고 기도하라 하셨다고 합니다. 어머니께서 말씀대로 하자, 그날 저녁 제가 갑자기 요구르트가 먹고 싶다며 잔뜩 먹더니 소변을 보기 시작했다고 합니다. 그러고선 불렀던 배가 모두 꺼지고 조금씩 몸이 움직이기 시작하더니 1주일 만에 완쾌되었다고 합니다.

이미 제가 직접 아픔을 체험했고, 몸이 낫게 된 경위, 그리고 저의 뿌리가 팔공산 삼신당에 닿아있다는 것을 어머니께 익히 들어온지라, 저로서는 다른 종교를 존중은 하되 제가 믿거나 받아들인다는 것은 있을 수 없는 일이었습니다.

읽을수록 재밌고 놀라운 『천지성공』

그런 저에게 하루는 여자 친구의 어머니께서 『천지성공』이란 책을 선물해 주셨습니다. 책을 받아들고 맨 처음 든 느낌은 '두려움'이었습니다. '이 책을 읽어도 괜찮은 걸까?', '나에게 또 어떤 시련이 닥쳐오는 것은 아닐까?'라는 우려는 어릴 적 아팠던 경험 때문이겠지요.

이런 저의 혼란스런 마음은 『천지성공』을 읽고 한순간에 정리가 되었습니다. 첫 장에서 마지막 장까지, 증산도를 아주 잘 이해할 수 있게 쓰여 있었습니다. 읽을수록 재
밌고, 놀랍고, 더 읽고 싶어졌습니다.
우주 1년, 선천의 상극질서와 후천의
개벽, 증산 상제님이 탄강하신 배경, 천
지공사, 태을주, 다가올 조화선경, 사후
세계와 천상세계에 관한 설명 등 그동
안 불교에서 배운 것들이 일목요연하게
정리되는 느낌을 받았습니다. 특히, 현
국제정세에 대해 오선위기로 설명한 부
분은 읽을수록 재밌고, 보이지 않는 진
리에 다가가는 느낌도 받았습니다(저의 직업상 이 부분이 가장 놀
랍습니다).

무엇보다 마음에 든 것은 '자신의 부모와 조상을 먼저 섬기고 나
를 섬기라'는 증산 상제님의 말씀입니다. 선천 종교가 마음에 들지
않았던 것은 자기 부모를 봉양하지 않고 형제도 돌보지 않으면서
신에게 모두 바치고 의지해야 한다거나, 나를 믿으면 천국을 가고
그 외의 다른 신을 믿으면 지옥을 간다거나 하는 비합리적인 논리
였습니다. 기본도 못하는데 응용 심화 학습을 하라는 상술밖에 없
는 상업 종교이거나, 배타심으로 뭉친 속 좁은 종교라는 느낌이었
지요.

책을 다 읽은 후 '증산도는 인류의 보편적인 진리가 될 수 있는
도道이며, 지금껏 맹목적으로 혹은 어렵게만 설명한 우주의 원리를
명쾌하게 설명해 준다'라는 생각이 마음속에서 우러났습니다. 앞으
로 다가올 후천개벽을 어렴풋이 짐작은 하였으나, 이렇게 구체적으
로 설명해주고 가르쳐주는 종교는 만나보지 못한 것입니다. 그리고
지금까지 저 자신에 대해 들었던 의문들 모두가 풀린 느낌이 들었

습니다. 만약, 형수님 생각대로 우리 집안이 모두 성당에 다니게 되었다면, 우리 민족의 뿌리인 '삼신三神'신앙을 무시하고 미신시하며, 어쩌면 저의 뿌리를 버리는 결과가 되었을지도 모를 일입니다. 제 몸이 아프게 된 배경 역시 저의 조상님은 물론, 하늘의 선신들께서 뿌리를 버릴지도 모르는 사태에 대해 경고한 것이라는 생각이 듭니다.

진리공부, 그리고 결심

동대문도장의 이○○ 수호사님을 만나 수차례 공부를 하게 되었습니다. 『도전』에 대해, 상제관에 대해, 천지공사의 숨은 내용들, 그리고 『환단고기』 등 한층 더 많은 내용을 공부하였습니다. 그냥 책으로만은 배울 수 없는 또 다른 것들도 배웠습니다. 책을 더 잘 이해할 수 있게 되었고, 더 많은 공부를 하고 싶다는 욕심도 더불어 생겼습니다. 사실 해외 근무를 앞두고 준비를 해야 해서 무척 바쁘고 마음도 급했지만, 매번 듣는 강의를 조금이라도 더 많이 듣지 못해 아쉬웠습니다.

공부를 마칠 즈음 수호사님께서 입도 권유를 하였습니다. 물론 때가 되면 입도를 스스로 결심할 것이라 생각했지만, 갑작스런 제안에 조금은 급하다는 느낌도 받았습니다. 마음이 저절로 충만해졌을 때 입도를 하는 것이 맞겠다는 생각과, 지금 입도식을 하지 않으면 해외 근무 때문에 또 언제 하게 될지 기약할 수 없다는 생각으로 갈등을 하다가, 최종적으로 입도를 결심하고 도장에서 입도식을 하였습니다. 입도식 날, 도복을 입은 저의 모습을 보고 성도님들이 참 잘 어울린다는 말씀을 해주셨습니다. 아마 제가 원래 입고 있었어야 할 옷이었겠지요?^^ 도장에서 좋은 분들과 함께 있으면 저도 모르게 편안한 느낌을 받습니다.

진정한 의미의 출발

여자 친구를 사랑하기에 그녀의 종교를 이해해 보겠다는 것이 출발점이었습니다. 별로 순수하지는 않은 의도라서 진정한 신앙의 출발점은 아니었겠지요. 하지만 출발조차 안 했다면 아예 만날 수 없었을지도 모릅니다. 지금은 오히려 제가 순수하게 『증산도의 진리』를 공부하고 싶어졌습니다. 지금이야말로 진정한 의미의 출발이라고 생각합니다. 지금까지의 과정은 '준비'였다고 하는 게 더 맞겠지요.

어머니께서는 제가 어렸을 때부터, 우리나라를 지키는 인재가 되게 해달라고 절에 가서 기도하고 또 기도했다고 합니다. 이 또한 제가 먼 옛적부터 '대한'과 연결되어 있기 때문일 거라고도 어렴풋이 생각해 봅니다. 제가 생각하는 증산도는 구원의 진리이고, '대한'이고, 또 저의 '뿌리'라고 생각됩니다. 뿌리를 바로 알고, 그 뿌리를 튼튼히 하고, 나아가 인류 구원의 일에 작은 보탬이 되는 사람이 되고자 합니다. 보은! ◎

천하가 큰 병이 들었나니

이제 온 천하가 큰 병(大病)이 들었나니
내가 삼계대권을 주재하여 조화(造化)로써
천지를 개벽하고
불로장생(不老長生)의 선경(仙境)을
건설하려 하노라.
나는 옥황상제(玉皇上帝)니라.

(증산도 道典 2:16)

PART 2

STB 상생방송
진리를 열다

> **❝** 상제님께서 신명정부를 조직하여 세상 둥글어 갈 프로그램, 시간표, 이정표를 짜서, 이 세상이 그렇게만 둥글어 가도록 만드셨다. 상제님이 그것을 이름하여 '천지공사天地公事'라고 하셨다. 요컨대 상제님의 천지공사가 바로 이 세상 둥글어 가는 설계도이다! **❞**
>
> - 안운산 태상종도사님

지금은 천지에서 씨 종자를 추리는 때 (8분 23초)

"상생방송을 통해
놀라운 대도를 만났어요"

상생방송, 대순진리회, 정성수행, 태을주

최대훈(41)

경북 경주 / 안마사 / 145년 음11월 / 경주노서도장

저는 경주시 산내면이라는 산골에서 3형제의 둘째로 태어났습니다. 어렸을 적의 기억으로는 동생이 백혈병으로 죽었던 일과 할머니께서 신줏단지를 정성껏 모시던 모습이 떠오릅니다. 정월 보름뿐만 아니라 집안에 큰일이 있을 때마다 신줏단지 앞에서 기도를 하셨고, 동네 뒷산 바위에 가서 기도를 하시거나 가까운 절에도 한 번씩 가서 기도를 하기도 하셨는데 할머니께서 돌아가신 후 어머니께서도 정월 보름날 기도를 하시던 기억이 납니다. 형이 어려서부터 공부를 잘해서 집안의 자랑이기도 했지만 저와 비교되는 것이 싫었던 기억도 있습니다. 그런데 초등학교 4학년 때 친구가 거울로 햇빛을 반사해 제 얼굴에 비추는 장난을 쳤을 때 괜히 오기가 생겨 누가 이기나 보자는 식으로 거울을 뚫어져라 쳐다보며 한참 동안 힘겨루기를 한 적이 있었습니다. 그것 때문인지 저는 서서히 시력이 떨어져서 책을 볼 때면 눈에 가까이 가져다 보아야 글을 읽을 수 있을 정도로 상태가 나빠졌습니다. 병원을 여러 곳 가보았지만 정확한 원인과 치료 방법을 얻지 못했고, 시력이 지속적으로 나빠지면

서 학업에 대한 의욕도 나의 미래에 대한 꿈도 사라지고 남들처럼 평범한 삶을 살지 못할 수도 있다는 생각이 들었습니다. 그러면서 죽음의 세계에 대해 생각도 많이 하게 되고 저승의 세계에 대한 관심도 가지게 되었습니다. 그래도 학업을 지속하여 실업계 고등학교를 졸업하고 주변 사람들의 도움을 받아 취업을 하게 되었지만, 제가 하는 업무가 갈수록 세밀한 작업을 해야 하는데 많은 어려움이 생기게 되었습니다. 그래도 회사에서는 저를 계속해서 채용해 주었지만 일을 제대로 하지 못하면서 월급을 받는다는 것에 미안해하던 차에 우연히 대순진리회 사람들을 만나게 되었습니다.

그래서 퇴사를 한 후 부모님께는 다른 직장을 다닌다고 말씀드리고 OO연락소에서 생활하게 되었습니다. 시력 문제로 다른 직장 생활에 어려움이 있고 해서 도를 닦는 것이 저에게 맞는 것 같기도 하고, 열심히 수행하면 제 눈이 나을 수 있다는 생각과 전생의 업을 닦고 부모님도 잘되게 해주는 것이라는 생각에 부산으로 옮겨서 대순진리회 사람들과 같이 가정과 상가 방문 및 길거리 포덕 생활을 6개월 정도 하였습니다. 욕도 많이 얻어먹고 음식도 제대로 먹지 못하는 어려움이 있었지만 가장 큰 어려움은 여기서도 제가 뒤에 온 사람들을 가르쳐야 하는데 누가 진리를 가르쳐 주는 사람도 없고, 제가 시력이 안 좋아 혼자 공부하는 것도 안되고 해서 마음에 흔들림이 생기기 시작했습니다. 그리고 공덕을 쌓는다는 말에 현혹되어 직장 생활에서 번 돈뿐만 아니라 부모님 통장의 돈까지 몰래 인출해서 성금으로 모신 일도 있었습니다. 그 뒤에도 제가 교통사고를 내서 합의금을 내지 않으면 감옥을 가야 한다는 거짓말을 해서 부모님의 돈을 끌어내 바치기도 하였습니다. 하지만 이런 저런 일들이 자꾸 마음에 걸린 데다가 제가 진짜로 도를 닦고 있는지에 대한 의문도 생기고 눈도 좋아질 기미가 보이지 않는 등 여러 가지

고민들이 생기고 해서 무작정 경주 집으로 올라오면서 OO과의 인연을 끊게 되었습니다.

그 이후 다른 직장 생활을 했지만 항상 걸리는 문제는 시력이었습니다. 그래서 시력이 좋지 않은 사람이 일할 수 있는 곳을 찾다가 경주에 있는 시각장애인 협회를 알게 되었고 그곳에서 장애인 컴퓨터 사용법과 안마 기술까지 배우게 되었습니다. 그 이후 시각 장애인 TV를 구입하게 되었는데 우연히 상생방송을 경청할 기회가 생겼습니다. 계속 듣다보니 대순진리회에서 듣던 내용이 나오긴 하는데 '대순진리회보다 논리적이고 체계적이며 과학적이다'는 생각이 들었습니다. 한 번 두 번 상생방송을 경청하면서 놀랍고 신비하다는 생각을 했고, 2년 정도 시청을 했을 무렵 상생방송 상담전화를 통해 안내를 받아 경주노서도장을 방문하게 되었습니다.

도장 포정님이 21일 정성수행과 진리교육을 받아 볼 것을 권유해서 거의 매일 도장을 방문해 수행과 진리교육을 받기 시작했는데 대순진리회에서 전혀 들을 수 없었던 내용들을 배우면서 너무도 재미있고 상제님께서 인간으로 오셔서 짜놓으신 천지공사 그대로 이 세상이 둥글어 간다는 것이 너무도 신비스러웠습니다. 입도 교육을 마치고 입도를 해야겠다는 생각을 굳히면서도 눈의 시력 때문에 상제님 신앙을 잘할 수 있을까 하는 두려운 마음이 생기기도 했으나, 포정님과 몇 차례 도담을 나누면서 만병통치 태을주, 만사무기 태을주, 소원성취 태을주를 굳게 믿고 더욱더 열심히 태을주 수행을 통해 제 몸과 마음을 새롭게 하며 천지의 일꾼으로 천명을 다 할 것을 다짐합니다. ◎

'도道 자를 찾아라' 하는
음성을 듣다

상생방송, 도전, 환단고기, 태을주, 상제님

송기녕(39)

서울 성동구 / 식당운영 / 146년 음2월 / 익산신동도장

　작년 여름, 꿈에 '도道 자를 찾아라' 하는 음성을 들었고 또한 나무에 열매가 많이 맺히는 것을 보았습니다. 그 후 증산도 상생방송을 시청하게 되었는데 주로 『증산도의 진리』 강의 내용에 관심이 많았습니다. 상생방송에서 태상종도사님과 종도사님 그리고 수호사님들이 하시는 진리 말씀을 듣고 이런 종교가 있었구나 하고 생각하였습니다. 그리고 『도전』과 『환단고기』 및 여러 책들을 구입해 읽어보면서 재미도 있었지만 가치와 감동 같은 것을 느꼈습니다. 그래서 '나도 한번 증산도에 가볼까' 하는 마음이 생겼습니다.

　지난 2월 8일 설날 당일 오후, 익산신동도장으로 전화를 걸어 포정님과 신앙상담을 하였으며, 14일 일요치성에 참석하였습니다. 그리고 23일부터 증산도의 주요 교리인 팔관법 교육을 받았습니다. 가장 기억에 남는 것은 태을주 주문입니다. 태을주 주문은 스물 석자라 기억하기도 쉽고 정말이지 계속 듣고 싶은 생각이 들었습니다.

　상생방송을 꾸준히 시청하면서 증산도에 진짜 하나님이 있다는 것을 알게 되었고 도장에 나가서 팔관법 진리 교육을 받으면서 큰 깨달음을 얻었습니다. 그리고 상제님, 태모님, 태상종도사님의 어진과 진영을 보고 쉽게 입도하게 되었습니다. 항상 제 마음 속에 하나님이 계셨지만, 그분이 여호와 하나님인 줄 알았습니다. 그러나 상생방송을 통해 진정한 하나님을 알게 되었고 참하나님이신 증산 상제님의 역사와 상제님께서 열어주신 지상낙원에 대하여 큰 감동을 받았습니다. 비록 제가 직접 눈으로 본 것은 아니지만 확신이 생기고 믿음이 생겼습니다. 가장 중요한 것은 '이젠 나도 종교가 있어야 되겠구나' 하는 생각이 들었고 나에게 가장 적합한 종교가 인류 뿌리역사와 원형문화, 영성문화, 수행문화를 전하는 증산도라고 확신합니다.

증산도는 알면 알수록 나 자신이 참도인으로 다시 태어나는 것 같습니다. 진정한 참도인이 되어 개벽기에 능력을 갖춘, 살릴 생生 자를 실현하는 증산도인이 되겠습니다. ◎

"너는 불교보다 도道줄이다"

김미성(53)

전북 부안군 / 보험설계사 / 146년 음4월
/ 안산상록수도장

집안 복덩이로 태어나

저는 전북 부안군 진서면에서 3남 2녀 중 큰딸로 태어났습니다. 어려서부터 자상하신 부모님을 비롯하여 큰할머니, 작은할머니, 고모님 등 집안의 많은 웃어른들 사랑을 듬뿍 받으면서 자랐습니다. 특히 부모님께서 결혼하여 처음 태어난 아기라 예쁘기도 하였겠지만 제가 태어나면서 집안의 갖은 분란이 해소되어 복덩이라는 말을 듣고 자랐습니다. 왜냐하면 아버지가 막내이셔서 저희 집에는 많은 식구가 같이 살았는데, 제가 태어나면서부터 집안의 여러 가지 안좋은 일들이 해결되고 식구들 간에 서로 화해가 되었기 때문에 더욱 사랑을 받고 자랐습니다.

저는 어려서부터 사월 초파일이나 동지 때가 되면 부모님을 따라서 부안 변산의 내소사나 가까운 두승산에 있는 여러 절에 다니곤 했습니다. 그러니까 어머니 배 속에 있을 때부터 불교를 신앙한 셈이 됩니다. 그런데 집안의 웃어른이나 부모님이 하셨던 말씀이 상제님 말씀과 거의 비슷한 말씀이었다는 것을 알게 되었습니다. 전라북도는 상제님께서 탄강하신 땅이고 천지공사를 보신 곳이라 그

곳에 사시는 분들의 말씀이 상제님 가르침과 많이 닮아 있는데, 저는 그런 말씀들을 어려서부터 자연스럽게 듣고 살아왔는지라 저의 뇌리에 박혀 있어서 상제님 말씀을 들으면 잘 이해가 되었습니다. 그런 부모님께서 지금도 건강을 유지하며 절에 다니고 계시니 저는 참으로 복이 많다는 것을 느낍니다. 앞으로 상제님 진리로 인도할 생각입니다.

불교보다는 도를 닦아야 한다

그러다가 본격적으로 절에 다니기 시작한 것은 제가 결혼하고 첫 아들을 낳고 나서부터입니다. 지금으로부터 24년 전이니까 불교 신앙을 한 지는 24년이 되었습니다. 저는 천태종 단양 구인사에 다녔는데 평소에는 매월 초하루와 보름날에는 안산에 있는 구인사의 말사에 다니다가 특별한 행사가 있으면 구인사에 가서 기도 수행을 해왔습니다.

특별 행사 기간에는 기도처인 구인사에 가서 몇 박 며칠을 '관세음보살'을 외우면서 기도를 하였습니다. 다른 사람들은 절에 가면 왠지 무섭다고 하면서 사뭇 엄숙하게 하는데, 저는 부처님께 죽이든지 살리든지 마음대로 하시라고 하면서 스님들이 말씀하실 때도 졸리면 그냥 자버리곤 했습니다. 왜냐하면 스님들 하시는 말씀이 별스럽지가 않았고 어떤 때는 시시하게까지 느껴졌기 때문이었습니다.

그런데 절의 스님이나 역학을 하는 아는 언니가 하는 말들을 들어보면 "너는 도道 줄이다. 불교보다는 도를 닦아야 한다."는 말을 종종 듣고 살았습니다. 또 한번은 기독교 하는 사람이 찾아와 불교가 안 맞으니까 교회에 나가보자고 해서 교회에 갔는데 너무 잠만 쏟아져서 내내 졸다만 왔던 적이 있었습니다. 제가 이렇게 여러 종교를 접하고 중국에서 온 선생을 만나 기수련도 해보고, 또 살아오면서 고생을 많이 했던 인생을 되돌아보면 저를 더욱 단련시키기 위한 것이 아니었나 하는 생각이 듭니다.

사실 저는 증산도에 대한 이미지가 별로 좋지는 않았습니다. 그래서 증산도 간판을 보면 고개를 돌려버리곤 했습니다. 왜냐하면 15년 전에 저의 제부의 사연이 있었기 때문입니다. 제부가 아는 수원의 어떤 건물 사장이 자신의 재산 중에 20억을 갖다 바치고 인생을 망쳤다면서 절대로 하면 안 된다는 말을 들은 적이 있었기 때문입니다. 지금 생각해보면 그것은 증산도가 아니라 증산도와 비슷한 다른 단체라는 것을 알게 되었습니다.

상생방송에서 태상종도사님 말씀에 감명을 받아

제가 증산도를 알게 된 사연을 말씀드리겠습니다. 제가 부업으로 일하고 있는 사업체의 사장이 시간만 되면 사무실에서 '상생방송'을 틀어놓고 보시는 것이었습니다. 그때 할아버지처럼 보이는 분의 말씀이 너무도 마음에 와 닿았고, 하시는 말씀 하나하나가 제 가슴에 감명을 주는 말씀이었습니다. 또한 제가 어려서부터 어른들에게 들어서 뇌리에 박혀 있던 그런 말씀들이라 이해도 잘 되었습니다. 그래서 제가 꼭 한번 저 분을 직접 만나서 제 인생의 의문을 풀어보고 싶은 생각이 들었습니다.

그러던 중에 사장이 식당에서 만나게 되었다면서 상록수도장에서 신앙하는 원 수석포감을 저희 사무실에 초대했습니다. 그때도 상생방송을 보고 있었는데, 원 수석포감이 TV 화면을 보더니 저것은 증산도 방송이라고 했습니다. 그래서 상생방송에 나오는 그분을 만나 뵙고 싶다는 제 평소 생각을 말했더니 그분(태상종도사님)은 이제 돌아가셔서 직접 만나 뵐 수는 없다고 했습니다. 너무 때가 늦어서 이제는 직접 만나 뵐 수가 없다니 너무 아쉽고 허탈한 생각이 많이 들었습니다.

그 후에 도장에 초대를 받아 책임자와 상담을 하고 증산도 진리 교육과 함께 21일 정성공부도 하였습니다. 제가 본 도장의 성도님들은 기운이 맑고 청정했습니다. 다른 종교를 하는 사람들은 탁기가 많고 그렇게까지 맑지는 않았는데, 증산도 신도들은 기운이 매우 맑아서 기분이 좋았습니다.

작년에 팔관법 교육을 받고 입도를 하려고 하였으나 저의 사정이 여의치 않아 이렇게 미루어지게 되어 아쉬움이 있습니다. 늦었지만 이번에 다시 7일 동안 아침에 정성공부를 하고 입도하게 되었습니다.

태상종도사님께서는 사람이 사람으로 태어나서 사람 노릇을 못하면 사람이 아니라고 하셨습니다. 아무짝에도 쓸모가 없으니 보잘것없는 검불 같은 인생이라고 말씀하셨습니다. 저는 앞으로 상제님 태모님께서 말씀하신 대로 진리를 실천하면서 살아가도록 노력하겠습니다.

또한 저를 60년 동안 기도해서 타 내리고, 상제님 진리로 인도해주신 조상님의 은혜를 잊지 않고 살아가겠습니다. 저의 변화된 모습을 가족들에게 보여주면서 가족을 살리고, 또 어디로 가야 할지 방황하는 세상 사람들을 많이 인도하겠습니다. 그래서 꼭 보은하는 신앙을 하도록 하겠습니다. 고맙습니다. ◎

상제님께서 나를 일깨워주시다

상생방송, 상제님, 환단고기 콘서트, 대천제

이정례(61)

전북 익산시 / 주부 / 144년 윤9월 / 익산신동도장

상제님 신앙의 기억

어느 날 상생방송에서 종도사님의 '환단고기 콘서트'와 여러 말씀을 들으면서 정신이 번쩍번쩍 들었습니다. '이 말씀이 참이구나!' 옛날에 전주 할아버지와 부모님이 천주님(증산 상제님)을 모시며 치성 드리던 때가 생각났습니다. '옥황상제님이 제일 어른이니까 일등으로 모셔야 하고, 조상님들 해원시켜 주시고 성령으로 지켜 주신다'는 그 할아버지의 말씀과 상생방송 내용이 큰 연관이 있음을 알았습니다. 가슴에서 머리로 불꽃이 타오르는 느낌이 이어졌습니다. '우리 집에서 모시던 천주님이 바로 증산 상제님이구나, 나를 증산도 도문에 인도해주신 것이구나. 우리 부모형제들을 구원하라고' 하면서 신명 제위 전에 기도하였습니다. 상생의 정신으로 내 불쌍한 친족들, 이웃들 모두 힘써서 한 명이라도 이끌어야 한다는 결심을 했습니다. 상생방송 상담실에 바로 책을 신청하였고 후에 도장을 방문하였습니다.

여동생의 신앙의지

　도장 방문 후 막상 집에 오니 막막했습니다. 옛날에는 가족들 모두 한마음으로 모여 살았는데 지금은 뿔뿔이 흩어져 살고 있으니 말입니다. '어떻게 할까, 어떻게 상제님 진리를 전할까' 고심 끝에 친정집으로 향하였습니다. 어머니가 천주님을 모시고 치성 올렸던 옛날 이야기를 시작으로 집안의 신앙역사에 대한 얘기를 꺼냈습니다. 마침 여동생(이정희 성도)이 상생방송을 보면서 신앙의지를 싹 틔우고 있었습니다. "불쌍하고 착한 우리 가족 같은 사람들 구하려고 태상종도사님, 종도사님께서 희생하시어 이룩해 놓으신 증산도 아닌가요. 이렇게 한자리에서 얼굴 보며 살 수 있게 해주셔서 천주님께 늘 감사합니다. 만사가 천주님 조화로 인한 거니까 항상 감사하고 웃음을 잃지 말아요." 힘이 되어준 막내 여동생의 말 한마디로 가족들은 도장에 가기로 결정하였습니다.

　도장에 방문했던 날 밤, 꿈을 꾸었습니다. 제 몸속으로 우주가 내려와 빛을 내며 온몸에 전기가 통하듯 강력한 기운이 흐르는 꿈이었습니다. '상제님께서 나를 일깨워주시는구나!'라는 생각이 들면서 더 깊은 확신을 갖게 되었습니다. 지난해 10월 상제님 성탄대천제 참석했던 그 기쁨은 이루 말할 수가 없었습니다. 가족과 지인들을 이끌어야 할 그 마음 가득합니다. 증산 상제님 말씀대로 꾸준히 태을주 읽고, 사람 살리는 이 주문을 널리 전하겠습니다. ◎

감동 그 자체,
환단고기 Book콘서트

상생방송, 환단고기 북콘서트, 도전

장진회(50)

전북 정읍시 / 목수 / 144년 음8월 / 전주덕진도장

증산 상제님에 관한 책을 접하고

제가 증산 상제님을 제대로 알기까지는 참 오랜 시간이 걸렸습니다. 이제 쉰 살이 다 되었기 때문입니다. 좀 더 젊은 나이에 증산도를 만나지 못한 것이 못내 아쉽습니다. 뒤늦게 진리공부에 뛰어들면서 지금까지 살아온 제 삶을 돌아보는 한편 앞으로의 삶을 생각해보는 시간이 되고 있습니다.

저는 30대 초반 우연한 기회를 통해 증산 상제님에 관한 책을 한 권 얻게 되었습니다. 『대순전경』이었습니다. 하지만 그 책은 읽기가 만만하지 않았습니다. 한문과 한글이 뒤섞여 있었기 때문에 저의 한문 실력으로는 무리였습니다. 그러다 어느 해 겨울, 서점에서 옥편을 사서 『대순전경』의 한자를 일일이 해독하며 읽어나갔습니다. 그리고는 경이로운 사실을 알게 되었습니다. 우리 선조들 중에서 참으로 위대하신 분(증산 상제님)이 계시다는 것을! 이후로는 항상 감사해 하면서 살았습니다. 다만 말씀을 제대로 해석할 수도 없고 누구한테 물어보지도 못하여 안타까울 뿐이었습니다.

TV로 목격한 한국의 애국자들

그러던 지난 2014년 7월, 어깨통증이 심해서 한방병원에 입원하게 되었습니다. 병원에서 우연히 상생방송을 보게 되었는데 'LA 환단고기 북콘서트'였습니다. 콘서트를 시청하면서 정말로 감격스러웠습니다. 아직도 우리 대한민국에 이런 위대한 애국자들이 계시다니… 감동 그 자체였습니다. 온몸으로 전율을 느끼면서 상생방송 상담실로 전화를 하였습니다. 상냥한 목소리의 상담원과 이러저런 이야기를 나누고 전주덕진도장으로 안내를 받았습니다.

바로 그날 저녁, 이상한 꿈을 꾸었습니다. 큰 냇가가 나타났습니다. 물이 가슴까지 차는 곳에서 제가 무언가를 찾고 있었습니다. 한참을 헤매다가 밖으로 나왔습니다. 주막에서 주모가 주는 막걸리를 마시고 냇가 반대편에서 제가 찾아 헤매던 곳을 바라보았습니다. 엄청난 파도가 일렁이는 것이었습니다. 그리고 제 뒤에는 큰 산과 동네가 있었습니다. 이상하게도 동네에는 사람이 한 명도 없었습니다. 알아보니 사람들이 다 죽었다고 하였습니다. 너무도 허탈하였습니다. 그 동네를 나오려고 하는데 동네 한가운데에 큰 집이 있었습니다. 한쪽 귀퉁이가 무너져 있는 집이었습니다. 순간 '내가 이집을 고쳐서 이곳에서 도를 닦으면서 살아야겠다'고 생각했습니다. 그랬더니 어디에서 왔는지 목수 두 사람이 제 앞에 떡하니 서 있는 것입니다. 또 제 뒤에는 수십 명의 사람이 서 있었는데 누구냐고 물어보니 동네 사람이라면서 도와주겠다고 하였습니다. 자세히 보니 그들은 산 사람이 아니고 죽은 사람들이었습니다. '내가 직접 고칠테니 저리 가 있으라' 하고 목수들한테 집을 빨리 고치라고 재촉하다가 꿈을 깼습니다. 저는 꿈이 잘 맞는 편입니다. 이 꿈이 증산도에 입도하여 사람을 살리라는 하늘의 계시가 아닌가 생각되어 입도를 결심하였습니다.

다음 날 도장 포정님께서 증산도 소책자를 여러 권 가지고 병문안을 오셨습니다. 진리말씀을 비롯하여 이런저런 이야기를 나누고 가셨습니다. 짬짬이 읽어보면서 마음을 다잡아갔습니다. 며칠이 지난 뒤에 퇴원하고 집에 있는데 포정님이 도장방문을 권유하셨습니다. 망설임 없이 도장에 가서 도담 나누고 『도전』을 구입했습니다. 읽으면서 참으로 많은 감동을 받았습니다. 오래전 난해하게만 느껴졌던 증산 상제님 말씀이 이제는 너무도 쉽게 가슴에 와 닿았습니다. 이제야 증산 상제님이 어떤 분인지 제대로 알게 된 것입니다.

지금은 21일 정성수행과 증산도 기본교리를 공부하고 있습니다. 정성수행과 진리공부를 저와 함께 하고 있는 김 포감님과 도장문화에 잘 적응할 수 있도록 배려해주시는 김 포정님께 감사를 드립니다. 앞으로 더욱더 열심히 공부하여 상제님의 무극대도와 참진리를 전하고 성경신을 다하겠습니다. 상제님, 태모님, 태사부님, 사부님을 잘 받들어 천하창생을 구하는데 이 한 몸을 바치겠습니다. ◎

계속된 공부 인연 끝에 만난 증산도

상생방송, 팔관법, 정성수행, 대천제

홍종영(54)

전남 나주시 / 참사랑 어머니회 대표 / 145년 12월
/ 안산상록수도장

저는 2남 3녀의 맏이로 태어났습니다. 어린 시절은 아버지께서 신탄진 전매청의 공장장으로 재직하셨으므로 비교적 부족함이 없이 유복하게 살았습니다. 하지만 잘생기고 멋쟁이셨던 아버지의 외도로 집안은 늘 싸움이 잦았고 어머니의 눈물 훔치시는 모습을 보고 자라면서 늘 우울한 청소년기를 보냈습니다. 저는 그런 환경이 싫어 빨리 결혼을 해서 집에서 벗어나기를 갈망하였습니다. 이왕이면 교육자 집안으로 시집을 가고 싶었습니다. 그러면 술 먹고 바람 피우지 않는 남편을 만나 아이들도 잘 키울 수 있겠다 생각하였습니다. 그러던 중 친구의 소개로 운명처럼 교장 선생님의 막내아들이었던 지금의 남편을 만났습니다. 그러나 결혼과 동시에 모든 꿈은 사라지고 고생이 시작되었습니다. 남편은 사업을 한답시고 친정 재산을 다 갖다 날리고 생활비 한 푼 주지 않았습니다. 그런 남편 대신 제가 생활전선에 뛰어들어 억척같이 피눈물 나는 고생을 하며 세 아이를 키웠습니다. 세 아이와 먹고 살기 위해 저의 머릿속에는 오로지 돈, 돈, 돈 버는 일 외에는 아무것도 없었습니다. 그러던 중

친정 여동생의 소개로 산후 도우미를 파견하는 회사의 프랜차이즈 안산지점을 운영하게 되었습니다.

어느 날 문득 뚜렷한 직업 없이 놀고 있는 남편이 출산하는 산모들을 대상으로 작명作名하는 일을 하면 돈을 벌겠다 싶었습니다. 인터넷을 뒤지다가 〈천부경의 비밀〉이라는 다음 카페를 발견하고 남편에게 500만원을 주고 천부경과 역학을 공부하라고 했습니다. 남편은 며칠 공부하다가 안 나가는 것이었습니다. 그 돈이 아까워 제가 천부경 역학공부를 하게 되었습니다. 저는 그곳에서 몇백만 원씩 돈을 쓰고 천부경 기도를 열심히 해보았지만 모두 장삿속이란 걸 알았습니다. 그러다 같이 공부하던 지인의 소개로 경기도 양평에 있는 부용사라는 절에서 호흡공부를 하게 되었습니다. 절에서 천도제를 해야 된다고 해서 또 돈을 내고 천도제를 올렸는데 결국 그곳도 장사를 한다는 것을 알았습니다. 그때쯤 절에서 같이 공부하던 사람 중에 철학과 풍수를 가르치는 선생님을 만나 다시 풍수공부를 하게 되었습니다. 계속해서 공부 인연들이 이어진 것입니다.

그러던 어느 날 비가 하도 많이 내려서 집에서 TV를 보다가 우연히 상생방송을 보게 되었습니다. 제가 배웠던 모든 공부들이 다 나오는 것을 보고 하루 종일 무언가에 홀린 것처럼 흠뻑 빠져서 시청하게 되었습니다. 결국 제가 사는 안산에도 증산도가 있는 것을 알고 인터넷으로 검색해서 전화를 걸었습니다. 솔직히 도장에 가기 전에는 앞뒤가 꽁꽁 막힌 늙수그레한 할아버지들이 앉아 있는 건 아닐까 하는 상상을 하였습니다. 막상 가보니 깔끔하고 반듯하게 생기신 수호사님을 만나 뵈었습니다. 이런저런 얘기를 나누고 함께 공부를 해보기로 하였습니다. 하지만 바쁜 사업을 핑계로 공부를 지속해서 하지 못하고 있던 중, 알고 지내던 동생이 오랜만에 갑자기 연락이 와서 저희 샵에서 만났습니다. 대화 중에 20년 전 자기의 고등학교 시절 은사님이 앞으로 20년 후에는 한류열풍이 불 거라고 했는데 지금 그게 딱 맞아떨어지고 있다는 둥, 그 선생님의 종교가 이상한 종교였다는 둥 여러 얘기를 하면서 그 종교가 뭐였더라고 하길래 제가 증산도 아니냐고 했더니 맞다고 하였습니다. 어떻게 증산도를 아느냐고 묻기에 "나도 인연 따라 그곳에 가서 공부를 하다가 중단한 상태인데 지금 같이 가보자."고 하였습니다. 그때부터 다시 공부를 하게 되었습니다. 다시 도장을 갔을 때 수호사님께서 21일 정성공부를 먼저 해보고 정성기도가 끝나면 8관법 공부도 해보자고 하셨습니다. 그렇게 하기로 하고 가정과 직장생활로 바쁘지만 열심히 시간을 내서 입도공부도 끝냈습니다. 이번 동지 대천제를 맞이해서 입도를 하는 것은 참으로 영광스러운 일이라며 입도를 권유하셔서 다시 21일 정성기도를 하게 되었고 이번 동지날 입도하기로 했습니다.

지금 와서 돌이켜 생각해 보니 저를 궁핍하게 하고 고생스럽게 하면서 천부경 공부와 역학공부, 호흡공부 하는 절을 거쳐 다시 풍수공부로, 그리고 오랜 만에 만난 동생을 통해서 마침내 증산도 도장을 찾게 된 것은 무언가 이끌림이 있었다는 확신을 가지게 되었습니다. 진리공부를 해보니 그것은 다름 아닌 조상님의 인도라는 것을 알았습니다. 앞으로 입도를 하게 되면 신도5대수칙을 열심히 실천하면서 『도전』, 『환단고기』를 바탕으로 진리공부를 잘 하고, 상생방송도 열심히 시청하겠습니다. 또한 천지일월 부모님과 조상님의 기대에 어긋나지 않는 사람이 되도록 하겠습니다. 바쁘시고 힘드실 텐데도 여기까지 이끌어주신 수호사님, 수석포감님, 포감님과 도장의 모든 식구들에게 무한한 감사의 말씀을 전합니다. ◎

30년 고질병이 사라지다

상생방송, 우주 1년, 인생의 목적, 도전, 태을주

노종섭(56)

전남 영암 / 자영업 / 145년 음2월 / 목포옥암도장

저는 1남 2녀를 둔 가장家長입니다. 어려서는 전남 영암군 시종면에서 여유로운 삶을 살았습니다. 저는 어려서부터 '나는 누구일까? 어디서 왔을까? 내가 살아가는 목적지가 어디일까?'라는 의문에 답을 찾느라 사춘기가 없었던 것 같습니다. 결국 저는 어떤 종교 교리, 어떤 민족이념보다 홍익인간 사상이 낫다는 생각을 하며 살았습니다.

그러던 중 TV채널을 돌리다가 상생방송을 보게 되었습니다. 마침 "나의 공부는 남 잘 되게 하는 공부니라."는 상제님 말씀이 나왔습니다. 여기에 무엇인가 있구나 하는 마음에 상생방송을 보기 시작하였습니다. "너희 조상을 중히 여기라.", "환부역조하는 자는 살아남지 못하리라."는 내용들이 저로 하여금 방송에서 눈을 떼지 못하게 하였습니다. 그리고 우주 1년 이야기를 보면서 저의 의문에 답을 얻게 되었고 인생의 목적을 알게 되었습니다.

1주일간 상생방송에 빠져 보다가 진리에 대한 갈증과 답답함에 『도전』을 요청하여 보게 되었습니다. 『도전』을 받고서 3일간 눈물과 감동으로 날을 새면서 보았습니다. 『도전』을 보면서 감동도 있

었지만 한편으로 두려움도 있었습니다. 제가 게으른 편인데 상제님 말씀대로 신앙을 할 수 있을까 하는 마음에 제 스스로를 시험해보기로 하였습니다. 아내가 출근을 하자 바로 상을 펴고 청수를 모시고 태을주를 읽기 시작하였습니다. 아내가 홈플러스에서 일하는 아침에서 저녁까지 10시간 동안 태을주를 읽었습니다. 2시간을 수행하고 쉬기를 반복하였습니다. 평소에는 허리 디스크로 1시간을 앉아 있기가 어려운데 이상하게 허리가 아프지 않았습니다. 오후 3시쯤 몸에 에너지가 내리는 것이 느껴졌고 몸 전체가 시원해지고 기분이 좋았습니다. 하루 종일 앉아서 태을주를 읽었는데 피곤하지도 않고 목도 쉬지 않았습니다. 그 이후로 태을주를 꾸준히 읽었습니다. 운전을 할 때는 반드시 태을주를 읽었고 일을 할 때도 태을주를 읽으려고 했습니다.

작년 5월경에 이른 시간에 출근하여 근무를 기다리며 의자에 앉아 있는데 허리와 가슴 쪽에 약한 전류가 흐르는 듯하고 찌릿찌릿하며 시원한 느낌이 들었습니다. 그런 현상이 10일 정도 지속되더니 30년 고질병인 허리 디스크가 나았고 가슴 부위의 통증이 사라졌습니다. 23세 때 사고로 허리를 다쳐 병원도 많이 가고 고생도 많이 하였는데 태을주로 30년 고질병을 털어버리게 되었습니다. 상제님께서 "오는 잠 적게 자고 태을주를 많이 읽어라." 하셨기에 운전할 때나 일할 때도 태을주를 읽었는데 기적을 체험하게 되었습니다.

올해 3월 1일 도장을 방문한 이후 아내와 저녁수행을 하고 있습니다. 꼭 와야 할 곳에 온 것 같아 마음의 짐을 덜은 느낌입니다. 제가 증산도 도장에 오게 된 것은 증조부님이 인도하신 덕분으로 생각합니다. 제가 3살 때 증조부께서 돌아가셨는데 저를 업고 마을을 다니시던 기억이 납니다. 5년 전에 어려운 일이 생겨 죽을 생각을 한 적이 있었습니다. 하루는 꿈에 약초를 심고 계시는 분을 만났습니다. "무엇하려 심으세요?"라는 저의 질문에 "나 따라오너라." 하시며 어느 집으로 데리고 가시더니 큰 항아리를 주시면서 "약초물이니 다 마시라."하셨습니다. 상당한 양의 항아리 물을 다 마시고 "맛있습니다."라고 말을 하는 순간 보이지 않으셨습니다. 꿈을 깨서 생각해보니 증조부님이셨습니다. 저의 잘못된 생각을 말리시려고 오신 듯했습니다.

요즘 상생방송과 증산도 진리내용이 너무나 좋아서 주위에 소개를 하고 있습니다. 성당에 나가는 직장 동업자에게 상제님 진리를 소개하였더니 호감을 보이기도 하였습니다. 남동생에게 『개벽실제상황』 책을 전하여 읽게 하고 있습니다. 믿음은 실천입니다. 제가 도장에 오는 것을 여태 망설인 것은 상제님 말씀대로 실천할 자신이 없어 두려워서였습니다. 도장에 와보니 잘 왔다는 생각이 듭니다. 한두 번 나오고 마는 것이 아니라 진리대로 제대로 된 신앙을 하겠다는 단단한 마음을 먹고 아내와 함께 신앙을 시작하게 되었습니다. 제가 도장으로 나오도록 도와주신 모든 분들께 감사드립니다. ◎

STB 구도의 여정(14회 노종섭)

지금은 천지가 원한이 맺힌 시대

상생방송, 묘법연화경, 한민족과 증산도, 해원

이정연(61)

충남 예산군 / 자연 섭생원 대표 / 144년 음12월
/ 서울관악도장

저는 어려서부터 신병身病으로 아프지 않은 데가 없었습니다. 학교공부는 물론 운동회를 하거나 수학여행을 갈 때면 몸에 열이 나거나 기침, 편도선염이 생겼습니다. 23세 되는 해에 친구를 통해 묘법연화경을 신앙하게 되어 38세까지 17년을 다녔습니다. 1992년에는 한국야쿠르트 배달 아주머니를 통해 오행생식원과 인연을 맺게 되었습니다. 황제내경을 학문으로 정리하신 김춘식 선생님의 책을 받아 2년 동안 공부하고 1994년 3월부터 18주 강의를 받았습니다. 실습할 때 빈혈이 심해 팔의 혈穴 자리 세 곳에 침을 꽂고서 수업을 받았습니다. 그 해 8월에 4명이 동업하여 오행생식원을 개업하였습니다. 1년 후 한 분이 따로 개업하였고 또 한 분은 신병으로 고생을 많이 하였습니다. 그때 제 몸은 등이 꼽추처럼 꺾일 정도로 굽었는데 몸이 굳은 상태라 똑바로 누워 있지를 못했습니다. 그래도 지금은 많이 펴진 편입니다.

1994년이었습니다. 신림사거리에서 안양 쪽으로 가는 길가에서 태을주를 읽으며 포교하는 모습을 보고 『다이제스트 개벽』이라는 작은 책자를 받아왔습니다. 책 내용을 보는 순간 '우리나라에도 자체적으로 나온 종교 교주님이 계시네' 하며 신기해했던 기억이 납니다. 이후 2001년부터 불교신앙을 하였습니다. 하지만 다리가 불편하여 앉는 자세를 하기가 힘들어 절에 가서 법문을 자주 듣지 못했습니다. 그러던 중 2개월 전에 TV를 보다가 상생방송을 보게 되었습니다. 상생방송은 3년 전에도 어느 집에서 잠깐 본 적이 있었습니다. 채널을 돌리다 우연히 상생방송이 보였고 아래 자막에 책 기증이라고 되어 있어서 방송국에 전화로 신청하였습니다. 다음날 『한민족과 증산도』를 비롯한 여러 책이 도착하여 읽어보았습니다. 오행 원리로서의 우주이치 설명과 우주 1년 인간농사를 짓는 주기가 있다는 설명, 그리고 선령의 해원에 대한 내용이 마음에 다가왔습니다.

나의 인생이 헛되지 않게 하기 위해서 증산도를 알아보고자 하는 생각이 들었습니다. 그러나 당장은 상황이 되지 않아 망설여졌습니다. 여러 문제들을 걸림 없이 깨끗하게 청산한 다음에 해야겠다는 생각이었습니다. 하지만 궁금한 마음을 이기지 못하고 올해 1월 19일에 관악도장에 전화를 하였습니다. 통화 후 관악도장 수호사님께서 이름 소개와 함께 시간이 되실 때 편하게 한번 도장에 오시라는 문자메시지를 보내셨습니다. 메시지 내용에 진솔함과 차분한 배려를 해주신 것이 느껴져서 그날 저녁에 도장에 찾아가 뵈었습니다. 첫인상이 단정하시고 깔끔한 마스크에 아주 선하시고 부드러운 말씀에 믿음이 갔습니다. 매주 화, 목, 토요일 오전에 진리공부를 하기로 하여 그 다음 날부터 도장에서 팔관법 교재로 진리공부를 시작하였습니다. 다리가 불편한 상태라서 앉아 있는 게 어려웠지만 정신이 번쩍 들게 하는 진리 공부가 시간가는 줄도 모르게 이어졌습니다. 그렇게 4주간을 보냈습니다. 앉은 자리에서 열정과 정성을 다하여 진리공부를 시켜주신 수호사님에게 감사드립니다.

진리공부를 하면서 특히 '지금은 천지가 원한이 맺힌 시대'라고 하신 증산 상제님 말씀이 저에게는 진실한 감동으로 와 닿았습니다. 모든 신명들의 한을 해원시켜 풀어주지 않으면 천지에 평온이 올 수 없기 때문에 우주 하느님이신 상제님께서 오셔서 이러한 원과 한을 풀어주신다는 말씀에서 확신을 갖고 신앙을 결심하게 되었습니다. 온 세상의 원한은 물론이고 우리 조상님들의 원한도 해원이 되면 나의 건강은 물론이고 가정의 복록도 열리게 된다는 생각이 들었습니다. 그동안 진리공부를 해 보니 의심의 여지가 없었습니다. 앞으로 일심으로 시종일관 신앙하겠습니다. 앞으로 5만년 인연줄을 놓치지 않으려면 생사를 걸고 정진하겠습니다. 사람 살리는 포교를 실천하여 지속적으로 매진하겠습니다. ◎

STB 구도의 여정(11회 이정연)

세상 사람들에게
봉사하는 삶을 다짐하며

상생방송, 환단고기 북콘서트, 우주 1년, 천주교, 조상님

이영철(42)

대구 수성구 / 유통업체 직원 / 145년 음4월
/ 대구시지도장

　지금으로부터 1년여 전부터 우연히 상생방송을 보게 되어 호기심에 한동안 시청하게 되었습니다. 특히 '환단고기 북콘서트'를 즐겨 보았는데, 우리나라의 역사와 뿌리를 밝혀주는 내용이 참으로 흥미로웠습니다. 반신반의하는 마음도 있었지만 보면 볼수록 진실된 역사라는 생각과 느낌이 들어 귀가 후에는 항상 '환단고기 북콘서트'를 시청하였습니다. 그러면서 우주 1년 이야기를 접하게 되었는데 평소 우주의 주기에 관심이 있었고 지구에도 4계절이 있어 흥미롭게 접했습니다. 하지만 개벽 이야기나 『도전』 내용은 사실 적잖은 충격이었습니다. 온전히 믿을 수가 없어서 나름대로 여러 책도 읽어보다가 올해 들어와서 증산도 도장을 방문하게 되었습니다.

　저는 29살에 카센타를 열어 처음으로 개인 사업을 시작하였습니다. 그런데 이때부터 갑자기 몸이 나빠지기 시작했습니다. 처음에는 두통이 심해지다가 그 다음은 목, 어깨가 굳어지더니 2년 후에는 몸 전체가 굳어졌습니다. 움직일 수 없는 사태까지 이르게 되어 할 수 없이 사업체를 처분하고, 병원에서 여러 가지 검사를 받아 보

앉지만 이상이 없다는 의사의 말뿐이었습니다. 이때는 정말 죽음까지 생각하게 되었습니다. 2년 동안 산송장처럼 힘겹게 지내면서 저는 내적으로 많이 성숙하였습니다. 저는 비록 힘들어 누워있지만 이 세상에는 저보다 더 힘든 삶을 살고 있는 사람들(어린 나이에 불치의 병으로 시한부의 삶을 살고 있는 환자들, 태어나면서부터 갖가지 장애를 안고 살아가는 사람들, 열악한 집안환경으로 혹독한 육체적 고난, 고통을 겪고 있는 사람들 등)이 많다는 것을 깨달았습니다. 최소한의 주어짐도 없이 살아가는 사람들을 보고 저는 30여 년 동안 참 많은 것을 누리고 살았음을 알았습니다. 그래서 만일 제 몸이 예전으로 회복되면 반드시 세상 사람들에게 봉사하는 삶을 살아야겠다고 다짐하였습니다.

이때 제 어머니께서 저를 살리고자 많은 애를 쓰셨습니다. 제가 목숨을 끊지 못한 이유도 어머니의 사랑 때문이었습니다. 어머니는 매년 많은 돈을 들여 용한 무속인을 찾아다니며 굿판을 벌였는데 저는 속으로는 가기 싫었지만 어머니의 정성을 생각하며 억지로 따라다녔습니다. 그렇게 굿판을 다니던 중 세 번째 굿판에서 전과는 다른 좋은 느낌이 들었고 그 이후로 2년이 지나면서 몸의 통증이 차차로 없어졌습니다. 이 지면을 빌어 어머니에게 감사하다는 마음을 꼭 전하고 싶습니다.

이런 과정을 거치면서 지인의 권유로 천주교 신앙을 시작했습니다. 처음 세례를 받을 무렵에 전 특별한 영적 메세지를 여러 가지 받았습니다. 개인적으로 건강이 많이 좋지 않아 몇 년 고난을 겪어서인지 사람의 인생이 참으로 허망하고 부질없다는 것을 많이 느꼈습니다. 하지만 이로 인해서 인생을 어떻게 살아야 하는지를 깊이 생각했고 마지막 순간에 값지고 소중한 삶을 살았노라 자부할 수 있는 삶을 살기를 다짐하였습니다. 그리고 이때 '사람들의 인생이 모두 얼마 남지 않았다. 매우 촉박하다'는 느낌과 나의 조상님에 대해 매우 궁금해졌으며, '하느님이 계시지만 나의 조상님이 더 가까운 하느님'이란 느낌을 받았습니다. 이 느낌은 몇 개월을 지나 2~3년 동안이나 강하게 느꼈습니다.

지금의 생각엔 촉박한 시간의 느낌은 아마도 천지개벽의 때가 아닌가 싶고 조상님이 더 가까운 하느님이란 느낌은 부모님을 그만큼 소중히 여기고 돌아가신 조상님도 잊지 말아야 한다는 메시지가 아닐까 생각합니다. 이런 내용들이 증산도 진리와 너무도 일치하는 것 같아서 참 신기했습니다. 그리고 정성공부를 마치고 입도식을 하는 날에는 천지에서 저에게 강력한 보호망이 쳐지는 강한 느낌을 받았습니다. 남달리 천주교 신앙을 열심히 해 오던 터라 종교를 바꾸기가 정말 쉽지 않았지만, 한 단계 더 발전하고 성숙되는 진리인의 삶을 제시해 주었기에 이렇게 용기를 내어 입도하게 되었습니다. 더 옳다는 믿음과 이끌림에 큰 결단으로 시작한 만큼 보잘 것 없는 저의 신앙이 여러 사람들에게 본보기가 되었으면 합니다. 앞으로 전 인류에게 상제님 진리를 전하는 큰 일꾼이 되겠습니다. 보은! ◎

개벽은 피할 수 없는 자연이치!

상생방송, 상제님, 환단고기 콘서트, 도공, 상생

김명기(48)

충북 진천군 / 회사원 / 145년 음6월 / 목포옥암도장

저는 충청남도 진천에서 태어나 고등학교까지 고향에서 자랐습니다. 어릴 적에 부모님이 헤어지셔서 할머니 품에서 자랐습니다. 고교 3학년 때 봉사활동이 좋아서 친구를 따라 통일교를 다니며 젊은 시절을 보냈습니다. 그리고 5년 정도는 청주 관음사에 다니며 봉사활동과 기도생활을 하였습니다. 그러다가 1년 전부터 상생방송을 보게 되었습니다. 상생방송 프로그램 중에 태상종도사님의 대도말씀을 들으면서 4대 성자들이 예고했던 상제님이 마침내 이 세상에 오시게 되었다는 말씀에 귀가 번쩍 띄었습니다. 상생방송을 통해서 증산도는 종교를 초월해 있고 상제님을 모시는 곳이라는 것을 알게 되었습니다. 그리고 종도사님의 '환단고기 콘서트'도 시청하였습니다. 6월에 증산도 본부에서 대천제가 있다는 자막을 보고 연락을 했더니 본부 행사는 취소되었다며 목포옥암도장을 소개해 주었습니다. 도장에 연락을 해보니 마침 종도사님께서 목포에 오신다는 소식을 전해 듣고 도장으로 오게 되었습니다.

2002년 6월 25일은 저에게 잊을 수 없는 날입니다. 제가 목수 일을 하다가 4층 높이에서 추락하여 두개골을 절개하는 큰 수술을 받

고 1개월간 의식불명 상태로 지내다가 구사일생으로 의식을 회복하게 되었습니다. 지금까지도 그 후유증으로 두통이 심한 상태였습니다. 지금은 전남 영암에 있는 조선소에서 일을 하고 있는데, 육체노동을 하다 보니 몸이 성할 날이 없는 편입니다. 2015년 6월 21일 종도사님 순방 때에도 왼쪽 엄지손가락을 다쳐 깁스를 한 상태였고 오른손 팔꿈치도 아팠습니다. 처음 하는 도공이기도 하였지만 몸이 불편하여 제대로 도공을 따라하지도 못했는데 도공을 마치고 나니 거짓말처럼 아픈 부위들의 통증이 사라지고 좋아지기 시작하였습니다.

목포옥암도장 수호사님이 저에게 몸이 불편하니 21일간 수행을 해보라고 해서 종도사님 순방 다음 날부터 21일 정성수행을 하며 치성에 참여하였습니다. 경남지역 순방 도공의 날에 태을주와 시천주 주문을 송주하며 도공을 하던 도중, 밤처럼 캄캄한 가운데 갑자기 커다란 산이 무너져 바다가 되고 바다가 솟아 산이 되는 것을 서서 지켜보는 체험을 하였습니다. 그때 저는 상제님 말씀처럼 '천지개벽은 피할 수 없는 자연이치로구나' 하는 생각이 들었습니다. 종도사님께서 도공하실 때마다 빠지지 않고 참여하였는데, 어느 날은 저의 온몸에서 검은 먹구름 같은 기운이 올라와 머리 쪽으로 빠지더니, 다음 번 도공시간에는 검은 기운이 적어지고 맑은 기운이 들어차는 것을 체험하였습니다. 그리고 7월 22일 도공시간에는 회사일로 몸이 지쳐 거의 쓰러질 것 같았는데 바위로 된 커다란 산에서 미륵부처님이 걸어 나오시는 것을 보았습니다. 너무나 강하게 빛나는 밝은 빛을 띠어서 쳐다볼 수가 없었습니다. 그리고 어두운 밤이 대낮처럼 밝아지더니 상생방송에 나오는 하늘처럼 깨끗한 하얀 구름이 많이 있는 것을 보았습니다. 도공이 끝났을 때는 몸이 하나도 피곤하지 않았습니다. 종도사님의 말씀 속에 상제님이 함께하신다는 생각이 들었습니다.

저는 상제님께서 말씀하신 '상생'이라는 말이 참 좋습니다. 제가 사고로 의식을 잃고 다시 깨어날 때 말없이 선행을 하고 말없이 남을 잘되게 하라는 가르침을 받았습니다. 저를 정성으로 길러주신 할머니와 조상님의 은혜로 두 인생을 살고 있습니다. 태종무열왕 강릉 김씨 후손으로 조상님의 은혜에 감사하고 보은하는 마음으로 입도식과 조상해원천도식을 준비하고 있습니다. 제가 체험한 것으로 미루어 보면 개벽은 꼭 오는 것이고 누구도 피할 수 없는 것 같습니다. "태을주는 약주문이니라." 하신 상제님 말씀처럼 앞으로 오는 시두와 괴질병을 대비하는 수행과 신앙을 하겠습니다. 그리고 증산도를 신앙하는 선배 신앙인들을 따라 태상종도사님과 종도사님의 가르침대로 신앙을 하겠습니다. 감사합니다. 보은! ◎

증산도는
선천종교를 통일하는 종교

상생방송, 환단고기 북콘서트, 조상님

김규환(68)

대구 북구 / 마을버스 기사 / 145년 음6월
/ 서울강북도장

저는 기독교를 신앙하다가 15년 전에 불교로 개종하였습니다. 몇 년 전에 '원효결서'라는 책을 접하면서 앞으로 닥칠 병란의 문제와 지축정립 등의 소식을 알게 되었습니다. 특히 모든 종교를 아우르는 통일종교가 출현한다는 내용은 무척 마음에 와 닿았습니다. 어느 날 유선방송 채널을 틀다가 우연한 기회에 상생방송을 보게 되었는데 보면 볼수록 눈을 뗄 수 없을 만큼 재미나고 좋았습니다. 제가 버스운전을 하기 때문에 쉬는 날에는 TV를 많이 시청하는 편인데 상생방송을 알게 된 후부터는 고정해서 시청하고 있습니다. 특히 안경전 종도사님께서 나오는 '환단고기 북콘서트'를 볼 때면 푹 빠져서 보느라 아무것도 하지 못합니다. 종도사님께서 혼신을 다해 말씀하시는 모습을 보면서 문득 이런 생각이 났습니다. "저 분은 정말 진실한 분이구나. 종교를 앞세워서 개인의 사리사욕을 채우는 다른 종교지도자와는 격이 다르신 분이구나. 저 분이 하는 거라면 옳은 거니까 증산도 진리도 옳은 것 아닌가? 그래 증산도를 믿어보자. 조상님을 제1의 하느님이라고 가르치는 증산도가 제대로 된 진리니까 이번 기회에 제대로 믿어보자!"

　그래서 도장을 방문하였습니다. 하지만 직장을 정리하느라고 시간을 내지 못하다가 직장을 퇴직하고서야 입도를 위해 21일 정성수행을 시작하였고 팔관법교육도 꾸준히 받고 있습니다. 입도를 허락해주신다면 우선 가족과 친구 그리고 지인들을 상대로 살릴 생生자 포교에 집중하겠습니다. 진리가 많이 서툴지만 인간으로 오신 상제님의 진리를 전해서 사람들을 살리고 싶습니다. 입도한 후에도 진리공부를 열심히 하겠습니다. 저는 증산도가 선천종교를 통일하는 '통일종교'라는 것을 확신합니다. 보은! ◎

저 분은 정말 진실한 분이구나.
종교를 앞세워서 개인의 사리사욕을
채우는 다른 종교지도자와는
격이 다르신 분이구나.

지난 세월은
진리를 만나기 위한 과정

상생방송, 대순진리회, 환단고기 북콘서트, 이암

이정희(73)

대전 대덕구 / 무직 / 145년 음6월 / 태전선화도장

　지나온 세월을 생각해 보면 모두 상제님 진리를 만나기 위한 과정이 아니었나 싶습니다. 저는 1982년에 직장생활을 그만두고 개인 사업을 시작하였습니다. 사업을 하던 중 친한 친구에게 보증을 서주게 되었고 어음 관계로 그만 사업이 연속 실패로 이어져 그간 부모님으로부터 물려받는 유산마저 탕진하게 되었습니다. 하는 수 없이 모든 사업을 접고 종중宗中사무실의 종사 일을 10여 년간 돌보았습니다. 그 후 다른 일을 찾았으나 뜻대로 되지 않고 경제적 타격은 더 심해졌습니다. 아내는 언제부터인가 저도 모르게 대순진리회를 다니고 있었습니다. 하루는 아내가 우리는 업業이 많아서 닦아야 된다며 그곳에 같이 나가자는 것이었습니다. 거기서 그럭저럭 몇 년 지나온 결과 도道의 뚜렷한 목적도 없었고 진리도 안 가르쳐 주어 진리개념 정립도 안 되었습니다. 사실 인간적인 정으로 잠시 위안이 되어 나갔을 뿐입니다. 시간이 지날수록 회의만 생겨났습니다. 아내도 대순진리회를 멀리하기 시작하였습니다.

　저 혼자 나가다 말다 하며 또 몇 년이 지났습니다. 그러던 어느 날

아내에게 암이란 병마가 찾아왔습니다. 그러나 아내는 여전히 상제님을 찾고 태을주를 읽고 가족 앞에서 강한 의지력으로 빠르게 쾌차되어 갔습니다. 몇 개월 후 저도 건강검진을 해보니 대장암이란 청천벽력 같은 진단을 받았습니다. 그러나 우리 부부는 합심하여 최선을 다해 병마를 이겨냈습니다. 대전성모병원에서 수술을 하고 병원을 다니다가 거치대에서 발견한 책자를 통해 상생방송을 시청하게 되었는데, 거기에서 '환단고기 북 콘서트'를 보게 되었습니다. 제가 행촌 이암李嵒 선생의 후손입니다. 이암 선생은 시조이신 이황 선생의 9세손이십니다. 그 후손인 이맥, 이기, 이유립 할아버지들은 이미 익히 들어서 알고 있었지만 역사적 업적은 상세히 알지 못하였습니다. 종도사님께서 『환단고기』 역주본 출간을 통해 그분들의 업적을 밝혀주셔서 너무나 감동적이었습니다. 무지하고 부족한 후손이지만 앞으로 더욱 열심히 노력하는 천지일꾼이 되겠다고 조상님께 기도드립니다. 주야로 도업에 일심하시는 종도사님, 옥체 강녕을 빕니다. ◎

나에게 증산도 신앙을 되찾아 준
상생방송

상생방송, 인터넷카페, 태을주, 진리공부

정윤주(37)

부산 동구 / 회사원 / 143년 음8월 / 부산온천도장

10년도 더 지난 이야기

　다시 예전의 도장을 방문하게 되면서 내 기억의 봉인이 해제되고 있는 것만 같다. 어떻게 이렇게까지 기억나지 않을 수가 있었을까. 내 기억은 처음 증산도를 알게 되었던 때로 거슬러간다. '내가 어떻게 그럴 수 있었을까?' 지금 생각해도 이상한 일이다.

　오라Aura촬영 체험을 한다는 인터넷카페 행사에 겁도 없이 혼자 갔다(원래 모르는 사람들 있는 곳에 혼자서 가지 않는데…). 누구한테 얘기하지도 않았고 별 의심도 없었던 것 같다. 카페에서 처음 만난 그분은 자그마한 체구에 동글동글 하얀 얼굴을 하고, 단정한 모습에 열정 가득한 맑고 빛나는 눈을 하고 있었다. 무슨 얘기를 했었는지 기억나진 않는다. 다만, 도장엘 가서 청수를 모시고 태을주 수행을 했었던 것과 다시 도장에 나갈 수 있게 된 지금에 와서야 태전 태을궁에 갔었다는 기억이 떠올랐다.

　도장에서 처음으로 만난 진리에 대한 이야기가 정말 좋아서, 집으로 달려가 엄마께 얘기해 드렸다. 의심이라곤 없었다. 집에 와서

책도 읽고, 서투르지만 청수를 모시고 기도를 하기도 했었다. 하지만 기쁨으로 떠들었던, 내가 제대로 알지 못하는 진리는 날카로운 부메랑처럼 나에게 되돌아 날아왔다. 온 집안이 발칵 뒤집어졌다. 증산도와 관련된 책들, 선물로 받은 단주, 노트, 청수 그릇, 그 어떤 것도 하나 남지 못했다. 바람이 몹시 심하게 불던 날, 밭두렁에 서서 어룽어룽한 눈물 속에 책들이 찢겨지고 불에 타는 것을 무기력하게 보고 있어야 했다. 멍이 들게 맞으면서 버티기를 여러 날, 증산도를 하지 않겠다는 '약속'을 하고서야 끝이 났다. 거짓말처럼 조용하게 끝이 났다. 그리고 나는, 접어지지 않는 마음을 억지로 접고 의식적으로 시선을 돌리기로 했다.

2013년 대반전 이야기

그리고 10년이 훌쩍 지났다. 정말 감사하게도, 정말 거짓말같이, 그렇게 반대하셨던 엄마 덕분에 도장엘 다시 방문할 수 있었다. 이사 오기 전에는 나오지 않던 채널이었는데, 몇 년 전 새로 이사 온 집에서 처음으로 상생방송을 보게 되었다.

어머니께서는 즐겨보셨고, 방송을 통해 자연스럽게 증산도를 접하게 되셨다. "네가 하려 했던 것이 이거였냐! 그때 네가 한다고 할 때 말리지 말 걸 그랬다." 하시면서, "엄마가 몰라서 그랬다… 미안하다. 너는 증산도 신앙해야 할 사람이다." 그렇게 말씀을 해주셨다. 어떤 분이 이 일은 '기적'이라고 하셨다. 하지만 더 놀라웠던 것은, 종교가 뭐냐 묻는데 어머니께서 망설임 없이 "증산도 합니다."라고 대답을 하셨다는 것이다.

이런 엄마의 변화를 보면서, 뜬금없이 '때'라는 것이 떠올랐다. 보이지 않는 조상님의 음덕과 삼생의 인연이 '이때'를 위해 둥글어져 왔나 싶었다. 이제 시간이 없구나, 그래서 빨리 가라 그러시는구나.

'약속'했기 때문에 떨쳐내지도 못하고 신앙하지도 못하는, 반푼이 생활을 하고 있는 것이 안타까우셨던 걸까. (죄송하게도) 다른 분들의 굳건한 믿음과 흔들리지 않는 마음이 내게는 부족하여, 엄마의 마음을 움직여주신 것 같다. 도장에 가지 못하는 못난 자손 때문에 발을 동동 굴렀을 조상님들께 죄송하고 감사한 마음이다.

가장 가치 있는 일은

나는 사실 지금도 내가 왜, 증산도에 이렇게 이끌리는지 알지 못한다. '조상님의 간절함과 삼생의 인연'이라는 학습의 결과만을 '알고' 있을 뿐이었다. 단지, 너무 멀리 돌아, 어렵게 다시 만나게 된 증산도 신앙을 이번만은 놓치지 않아야겠단 생각이 들었다. 그래서 조금은 조급하게 입도시켜 달라고 포정님께 매달리는 마음으로 부탁을 드렸다. 매일 수행하고, 입도공부를 하면서 '나는 정말 부족하고 의롭지 못한 사람인데, 괜찮을까요?' 마음속으로 몇 번이고 여쭈어보고, '마음이 약해지지 않게, 제 마음이 딴딴하게 바로 설 때까지 진리의 끈을 놓지 않도록 지켜주세요'라고 기도한다.

기도에 대한 답일까. 입도를 위해 정성수행과 팔관법을 공부하면서 상제님 태모님을 알게 되고, 자연의 조화섭리인 우주변화 원리를 배우고 가을개벽기에 많은 사람을 살려야 한다는 사실을 배웠다. 놀라운 소식이지만, 개벽기에 사람을 살려야 한다는 사실보다 내 가슴을 때렸던 것은, 가치관에 관한 것이었다. 안드로메다 어디에 있는 듯 멀게만 느껴지는, 생명을 구해야 한다는 말씀보다 '나는 어떻게 살아왔고 앞으로 어떻게 살아야할까'에 관한 것. 그리고 잇따른 생각은, '나도 가치 있는 일을 하고 싶다!'였다.

이 생각 하나만으로도 내 마음에는 작은 불이 켜진 느낌이었다. 지금까지는 보이지 않는 어떤 것(조상님의 손길)에 이끌리고 있었다면, 지금 이 생각은 내 의지였다. 이 조그만 불빛은 깜깜한 밤에 나아갈 방향을 비춰줄 수 있을 것 같다는 희망으로 다가왔다. 그리고 불현듯 마음속에 울림이 지나갔다. '지금 이 "때"를 맞이하여 가장 가치 있는 일은, 사람을 살리는 일이구나!' 어제 밤까지도 어떤 연결 고리를 찾지 못해 밤새 헤매다녔던 문제의 답이 조금은 보인다. 이 또한 조상님들의 애타는 마음 때문이라는 생각이 든다.

분명한 것은

사실, 어디까지가 내 마음이고 어디까지가 조상님들의 간절한 마음인지 잘 모르겠다고 생각했다. 그런데, 본래 내가 그래왔던 것처럼, 문득 마음이 느끼는 대로 받아들여야 할 일이라는 생각이 들었다. 분명한 것은 우유부단하고 나약한 내 마음을 잡아주시는 조상님들께서 10년이 지나도록 포기하지 않고 나를 꼭 붙들고 계셨다는 것이다.

내 발길을 여기로 이끌어주신, '보이지 않는 조상님의 손길과 정성(10년 전 처음 만난 나를 위해 기도해주셨을 그분의 마음도 있을 것)으로 증산도 신앙을 하게 된다'는 말씀이 마음에 절절하게 사무치는 날이 와서, 머리로 받아들이는 감사함이 아니라 마음에서 진실로 감사함이 우러나고, 보은할 수 있는 날이 하루빨리 왔으면 좋겠다. ◎

STB 구도의 여정(7회 정윤주)

상생방송은 상제님과
태을주를 알려 준 길잡이

상생방송, 상제님, 태을주, 도전

신유내(67)

부산 중구 / 주부 / 143년 음11월 / 부산온천도장

'미륵존여래불~'을 주문처럼 외며

이십여 년 전에 법당이라는 곳엘 다녔다. 가족같이 잘 지내는 이
웃을 따라 '금강경독송회'라는 곳에 가게 되면서 처음으로 신앙 비
슷한 생활을 하게 되었다. 일주일에 한두번 독송회에 가서 경經을
읽고 기도를 하고, 집에서 경을 읽기도 하고 시시때때로 마음에서
일어나는 모든 것을 바치는 것이었다. 그 당시 생활이 고달프고 힘
들어서 어디 한곳 마음 붙일 곳이 필요하던 차 '미륵존여래불~'을
주문처럼 입에 달고 살았다. 속상하고 화가 나면 그 마음 그대로를
미래에 오실 부처님이라는 미륵존여래불께 바치고 또 바쳤다. 그러
다보면 끓어오르는 화와 미움들이 조금씩 가라앉는 느낌이었다. '미
륵존여래불~'은 그 당시 혼자서 감당하기 어려운, 고단하고 고통스
러운 삶의 무게를 조금이나마 덜어주는 마법의 주문과도 같았다.

그렇게 일이년 정도 법당을 다녔을까. 이사를 가게 되어 이웃과
도 그전처럼 매일 만날 수 있는 것이 아니다보니 자연스레 법당에
나가지 않게 되었다. 그러나 다른 것들은 잊었지만, 힘들거나 잠이

안 온다거나 속이 상할 때면 으레 '미륵존여래불~'을 마음속으로 외우곤 했다.

미래에 오실 부처님은 놀랍게도…

3년 전 지금 사는 곳으로 이사를 왔다. 원래부터 드라마를 안 좋아하는 터라 다큐나 테마여행 같은 방송프로그램을 찾아볼 요량으로 텔레비전 채널을 돌리고 있었다. 그러던 중, 무궁화 그림(STB심벌마크)이 있는 방송을 우연히 보게 되었다. 재미있고 유익한 내용들이라 어느 순간부터는 무궁화 방송(상생방송)을 가장 먼저 보게 되었다. 박사님들의 유물연구를 통한 우리 역사이야기, 국제정세에서부터 시사, 다큐 등등 보면 볼수록 옳은 말만 하는구나 싶어졌다.

그러다가 좋은 경치를 배경으로 『도전』 낭독하는 프로그램을 보게 되었다. 상제님 탄강과 관련한 내용이었는데, '용화龍華'라는 단어가 귀에 와서 콱 박혔다. '어디서 들었더라, 비슷한 거였나?' 그러다가 무릎을 탁 쳤다. 예전에 다녔던 법당에서 '용화교주 미륵존여래불'이라 했었다. 미래에 오실 부처님! 그런데 놀랍게도 상제님께서 백여 년 전 인간으로 오셨다는 것이다. 미륵부처님과 상제님은 같은 분, 옥황상제님이셨구나! 그때부터 입에 익은 '미륵존여래불'에서 '옥황상제님'으로 호칭을 바꿔 부르기 시작했다.

상생방송을 보면서 그게 증산도 방송이라는 걸 알게 되었다. 10년 전 막내딸(정윤주 도생)이 증산도를 하겠다며 고집부릴 때 온 가족이 반대를 했던 것이 아닌가. 아들이 그거 절대로 하면 안 된다고 단호하게 못을 박아서 '이거 큰일났구나!' 싶어 심하게 반대를 했던 터였다. 상생방송을 보면서, 증산도가 돈 밝히는 이상한 종교단체가 아니라 참말만 하는 바른 단체라는 것을 알았다. '그때 딸애가 하겠다고 할 때 그냥 놔뒀더라면 좋았을 걸' 싶었다. 그리고 막내딸 가졌을 때의 태몽도 떠올랐다. 면류관을 쓰신 상제님께 무지개 빛깔 커다란 과일을 바치는 꿈. 세상천지가 하얗게 눈으로 덮여 있는데 커다란 곰과 손을 잡고 빙글빙글 돌면서 춤을 추던 꿈. '그래, 너는 상제님 신앙을 해야 하는 사람인 것 같구나'

태을주를 읽고부터

그 즈음해서 크게 마음이 상하는 일이 있어 몹시 괴롭고 힘든 하루하루를 보내고 있었다. 막내딸이 도장에 가보자고 해서 처음으로 도장이라는 곳에 가보게 되었다. 포정님께 힘든 사정을 털어놓았더니, 마음을 밝혀주어 심신을 안정케 하고 또 스스로 답을 찾게 될 거라며 태을주를 권하셨다. 처음 방문 후 딸애가 커다랗게 출력한 태을주를 붙여주었고, 생각날 때마다 잠들 때마다 새벽에 잠을 깨서 뒤척일 때마다 외웠다. "엄마, 태을주에 모든 약기운을 붙여놓으셨대요."

죽어야만 끝나리라 생각되던 마음의 아픔이, 쉽게 가라앉을 거 같지 않던 마음의 고통이 조금씩 나아짐을 느꼈다. 절대 얼굴도 안 볼 것이고 내 생애에 화해는 절대로 없을 거라 생각했던 일이 서서히 풀렸다. 태을주를 읽고부터 시나브로 좋아진 것이다. 이렇게 마음이 편해진 것은 태을주 덕분임이 분명했다. 옥황상제님, 고맙습니다! 어느 날 아침 잠을 깼을 때 내가 마음속으로 태을주를 외우고 있는 걸 깨달았다.

막히는 고속버스 안에서 울며 짜증부리는 아기를 향해 마음속으로 태을주를 읽어주었던 적이 있었다. 놀랍게도 아기가 울음을 그치고는 어른들도 견디기 힘든 답답한 버스 안에서 방글방글 웃으며 잘 노는 것이었다. 태을주 기운이 그 짧은 순간에도 작용하는 것을 느낄 수 있었다. 아! 역시 태을주구나.

　이러는 사이 막내딸이 먼저 입도를 했다. 그리곤 간혹 도장에 함께 가자고 한다. 어느 순간 나도 해를 넘기지 않고 입도를 해야겠다는 생각이 들었다. 청수를 모시고 사배심고를 드리는 것이 힘들고, 입도절차가 왜 이렇게 복잡한 것인지 모르겠다는 생각이 들었다. 그냥 태을주만 읽으면 좋으련만 왜 이리 까다로운 것인지….

　하지만 지금은, 그저 상제님께서 계시다는 것을 믿고 조상님들께서 돌봐주시는 게 맞다는 생각을 하면서 태을주를 읽고 있다. 이것만으로 입도를 해도 되는 것인지 잘 모르겠다는 마음에 "입도 안하고 그냥 태을주나 읽을란다."는 내 말에, 좋은 방송이 있다는 것을 사람들에게 전하는 마음이면 된 거라고 딸이 말한다. 상제님을 마음으로부터 받아들이고 태을주 읽는 것, 그게 시작이라고.

　눈이 나빠서 진리책을 직접 볼 수 없는 것이 못내 안타깝지만, 상생방송을 통해 진리를 보고 들을 수 있는 것에 감사한다. 상생방송은 내 마음의 귀를 열어주고 상제님을 찾고 태을주를 읽을 수 있게 길잡이가 되어주었다.

　지금도 나는 상생방송을 보고 있다!!

　나는 상생방송 애청자다!! ◎

신앙 에세이 22회(신유내 성도편)

숭고한 역사와 조상님 받드는
신앙에 빠져들어

상생방송, 역사, 조상님, 월간 개벽, 춘생추살

손인석(81)

전남 진도군 / 무직 / 144년 음6월 / 목포옥암도장

조상님에 대한 숭고한 정신

저는 고향 진도 고군면에서 유년시절을 보내고 목포로 거주지를 옮겨 생활하면서 작은 스포츠옷가게를 운영하였습니다. 지금은 일선에서 물러나 운동하면서 일상 속에서 조용히 생활하고 있는 평범한 가장으로서 조상님에 대한 숭고한 정신을 늘 가슴속 깊이 간직하면서 살아왔습니다. 지난 2013년 여름 우연히 상생방송을 보게되었습니다. 자기 조상을 받들고 내가 생각하고 있는 사상과 일치한 면이 많아 계속 시청하였습니다. 방송을 보노라면 내용들이 너무 인상 깊게 느껴져 본부 안내전화로 연락을 하였습니다. 그랬더니 증산도 목포옥암도장을 소개해줘서 도장을 방문하고 책을 받았습니다.

청·장년시절에 산을 좋아해서 세계적으로 유명한 산과 티베트, 인도, 유럽, 미국, 캐나다, 호주, 중동 등 여러 나라를 여행하였습니다. 특히 성지 등 종교와 관련된 곳이면 어디든 찾아 두루 다닌 적이 있습니다. 신앙은 겸허하고 순수해야 하며, 올바른 가르침이 있어야 하고, 봉사하는 마음으로 해야 한다고 생각합니다. 그러나 우리나라 종교에 대해서는 너무나 많은 염증을 느끼고 있었습니다. 제 아내가 성당을 다니자고 전도해도 서양종교는 왠지 싫었습니다. 저는 어려서부터 역사에 관심이 많았습니다. 고향 옆에는 제가 존경하는 이순신 장군의 벽파리 전첩지 비문이 세워져 있는데, 나라를 위해 목숨을 아끼지 않는 숭고한 정신을 기리고자 자주 찾는 곳이기도 합니다.

이렇게 위대한 우리역사가 있었다니

2013년 11월 중순경 제가 아끼는 동생으로부터 점심을 함께하자는 연락을 받았습니다. 그때 마침 목포옥암도장에서 신앙하고 있는 신포감님을 소개받고 증산도에 대해 안내받았습니다. 상생방송에서 방영하는, 우리나라의 숭고한 역사와 조상님 받드는 신앙이 저의 일상과 일치하는 것을 보고 놀라워서 시간가는 줄도 모르게 얘기를 나누었습니다. 그때 〈월간 개벽〉지, 『춘생추살』 책을 받아 조금씩 읽기 시작했습니다. 상생방송을 줄곧 시청하였고 아침 6시에는 프로그램을 보며 수행도 따라하게 되었습니다. 타종교의 성지만 여행했던 저였기에 우리나라에 상제님께서 다녀가신 성지가 있다는 말을 듣고 놀랐습니다.

증산도에 본격적으로 관심을 갖게 된 계기는 작년 동지치성 때 대전 태을궁에 가서 종도사님 말씀을 듣고서입니다. 그 위대하고 방대한 우리나라 역사에 대해 자부심을 갖고 신도들에게 내려주신 말씀은 신이 내려와서 가르침을 준 줄 알았습니다. 너무 기뻤고 좋았습니다. '이렇게 위대한 역사가 있었구나!' 감탄이 절로 나왔습니다.

저를 인도한 신포감님은 지속적으로 저에게 연락을 주었습니다. 건강이 허락된다면 증산도 도장에 나와서 수행도 하고 종도사님 도

훈도 들어보라고 권하였습니다. 사고로 다리를 다쳐 지팡이 없인 걸을 수 없지만 일요일에 시간이 날 때 도장에 들러 여러 성도님을 뵙고 나면 그렇게 좋을 수가 없습니다. 제 마음은 갈망하고 있었습니다. 종교를 갖지 말자던 맹세는 무너지기 시작하였습니다. 나이 먹어서 종교를 갖는다는 것이 조금은 부끄러웠지만 증산도 진리를 들으면 들을수록 매력에 빠져들었습니다. 그 매력을 맛보지 못한 사람은 이해 못할 것입니다.

지난 6월 6일 현충일 오후, 포감님이 진도 벽파리에 있는 저의 선영(先塋, 조상의 무덤)을 보고 싶다고 해서 포정님과 같이 갔습니다. 저의 조상님이 계신 선영에는 오래 전에 상조원上祖原(나의 조상은 하나님과 같은 존재, 같은 뿌리의 공원이라는 의미를 부여함)이라고 비문을 새긴 적이 있었습니다. 자손들이 공원에 놀러오는 기분으로 와서 조상님을 생각하고 저의 존재감도 느끼게 하고 싶었습니다.

상제님께서 내려주신 태을주

지난 6월 열린 증산도대학교에 상생방송 시청자로 초대받아 태을궁에 다시 갔습니다. 증산도에 대한 구체적인 내용을 접하고 『도전』과 『환단고기』 책 2권을 구입해서 읽어보고 있습니다. 저를 상제님 진리 속으로 끊임없이 인도하고 챙겨주는 도장 성도님들의 정성에 감사함을 느끼며 이제는 더 이상 입도를 미뤄서는 안 되겠다는 생각이 들었습니다. 상제님께서 내려주신 태을주 주문을 받고 싶었습니다. 나이가 많고 적음을 떠나 상제님 진리를 만나 신앙할 수 있다는 마음을 가지니 그렇게 편안할 수가 없습니다.

"너희에게는 선령先靈이 하느님이니라."(도전 7:19:1) 하신 상제님의 말씀처럼 돌아가신 아버지, 어머니, 그리고 조국의 열사와 조상님들 앞에서 늘 다짐합니다. 올바르고 정의롭게 그리고 조국을 위해 늘 기도합니다. 나라가 올바르게 바로설 수 있도록 보살펴 달라고 기도해 봅니다.

　저는 부족한 것이 많은 사람입니다. 상제님 진리를 만날 수 있도록 인도해 주신 증산 상제님과 태모고수부님, 태상종도사님과 종도사님께 지면을 빌어 진심으로 감사의 말씀을 올립니다. 그 은혜 잊지 않고 생활 속의 증산도인이 되도록 노력할 것입니다. 아울러 물심양면으로 정성을 다해 배려해 준 포정님과 수석포감님, 저를 인도해준 포감님 그리고 도장 성도님들께 깊은 감사의 말씀을 드립니다. ◎

공자 석가 예수를 내려 보내심

예수를 믿는 사람은 예수의 재림을 기다리고
불교도는 미륵의 출세를 기다리고
동학 신도는 최수운의 갱생을 기다리나니
' 누구든지 한 사람만 오면 각기 저의 스승이라'
하여 따르리라.
' 예수가 재림한다' 하나 곧 나를 두고 한 말이니라.
공자, 석가, 예수는 내가 쓰기 위해 내려 보냈느니라.

(증산도 道典 2:40)

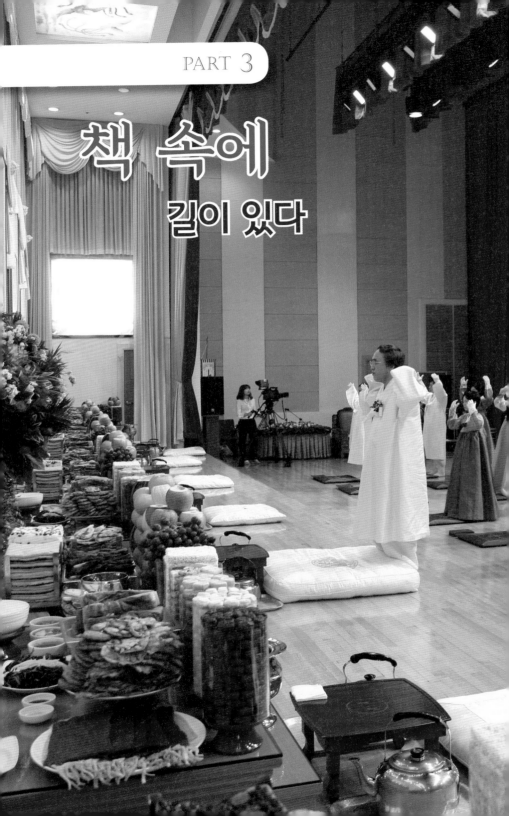

PART 3

책 속에
길이 있다

" 지금은 사람개벽을 하는 때다. 사람개벽은, 지구 1년에서 가을이 되면 봄여름에 내어서 기른 진액을 전부 뽑아 모아 열매를 맺어 놓고는 풀 한 포기 남기지 않고 다 말려 버리는 초목개벽과 같은 것이다. 사람개벽을 한다는 것은 천지가 지난 선천 5만 년 동안 낳고 기른 인간의 씨종자를 추리는 것이다. "

– 안운산 태상종도사님 말씀

개벽이 일어나는 이유는 무엇인가? (10분 30초)

"이제야 내가 여기에 왔구나"

환단고기 소책자, 증산도의 진리 , 도전, 상제님

박검상(46)

강원 영월군 / 회사원 / 145년 음11월 / 서울영등포도장

　저를 늘 보살펴 주시고 이끌어주신 조상님들의 음덕으로 증산도에 오게 되었습니다. 조상님들께 정말 감사드립니다. 그동안 살아오면서 저희 조상님들, 특히 외할머님이 저를 항상 돌봐주신다는 생각이 늘 강하게 들었습니다. 저의 외할머니께서는 영월의 팔괘리 산 속에서 샘물이 솟아나는 바위 위에 지은 작은 흙집에서 조그만 금불상을 모셔 놓고 홀로 사셨던 보살님이셨습니다.

　증산도에 입문하신 많은 분들처럼 저도 늘 구도심에 대한 갈급증이 있었습니다. 초등학교에 들어가기 전에도 초겨울의 동네 양지바른 담벼락에 기대어 앉으면 제가 꼭 어디 딴 데서 온 것 같은 기분이 들었고 푸른 하늘의 흘러가는 흰 구름을 보면 한없이 빨려 들어가 무언가 신비로운 기분에 빠져들곤 했습니다. 또 거울을 들여다보면 거울에 비친 제 얼굴과 생각하고 느끼는 제가 다르게 느껴져서 당혹스런 느낌이 들곤 했었습니다. 그러던 중 중학교 1학년 때 서점에 교재를 구하러 갔다 우연히 '갈매기의 꿈'이란 책을 보았습니다. 겉표지에 흑백사진으로 갈매기 한 마리가 하늘을 날고 있었는데 그걸 보는 순간 망치로 뒤통수를 맞은 것처럼 이상한 기분이 들었습니다.

책을 펼쳐보니 흑백사진들과 짧은 글들이 있었습니다. 없는 집안이라 책 한 권 사기도 어려웠지만 나도 모르게 그 책을 사서 읽었습니다. 물론 무슨 내용인지는 도무지 이해할 수 없었습니다.

나이가 차 대학에 가서도 전공보다는 우리 역사에 관심이 갔습니다. 중국의 동북공정을 그때 알았습니다. 상고사를 공부하고 우리 역사에 대한 자부심이 생기자 머리 꼭대기서부터 몸속을 관통하는 기둥 같은 것이 우뚝 서 있는 이상한 느낌을 받았습니다. 그리고 무언가가 머리와 온몸의 겉과 속 여기저기를 계속 돌아다니며 톡톡 두드리듯이 진동시키는 것을 체험하였습니다. 그 때부터 개량한복을 입고 다니며 친구들이랑 후배와 만나 우리 역사에 대해서 얘기해주었는데 친구들은 앞으로 먹고 살 일과 직장 구할 생각만 가득차 있어야 할 시기에 그게 우습기도 하고 이상하기도 하다며 농담으로 박도사, 박도사 하며 놀리기도 했습니다.

"왜 태어났고 어떻게 살아야 하나?" 하는 질문이 우선이었던 저는 사회 생활을 하면서도 기독교를 비롯한 각종 종교 단체에서 3,000배나 단식도 해보고 종교를 포함해 진리를 구하는 데 관련된 것은 두루 공부하였습니다. 하지만 속 시원한 답을 구하진 못했습니다. 다만 단체와 종교들에서 조금씩 깨우쳐가고 스스로 성장해가는 걸로 만족을 하였습니다. 대신 서점에 가면 이상하게도 그 당시의 제 의식 수준과 맞는 영혼의 의미라든가 마음을 공부하기에 딱 좋은 책들이 마치 기다리고 있었다는 듯이 눈에 띄었습니다. 그리고 그때그때 깨우침을 주는 분들을 만나기도 하였습니다. 이십 대 후반을 지나 삼십 대 초반이 되니 더 이상 어떤 종교도 마음이 가지 않게 되었고 어느 정도 영혼과 이 지구란 별에서의 여행의 의미를 알게 되었습니다. 그 즈음에서야 '갈매기의 꿈'이란 책에서 마지막에 조나단 리빙스턴 시걸이 진정한 자유의 의미를 찾고 상승한 것을 이해하게 되었습니다.

공부를 계속해 가는 과정에서 소설 같은 이야기지만 제가 다른 별에서 왔고 오랜 과거서부터 배달민족으로 우리나라에 반복해서 태어났었으며, 이번에 마지막 굳은 결심으로 몸을 받아 대한민국에 왔고, 지구 별과 같이 인류의 문명도 이 세기를 마지막으로 이번에 상승 단계에 있다는 것도 알게 되었습니다. 그리고 저와 비슷하게 각성을 하고 깨어나기 시작한 영혼들이 전 세계 도처에, 특히 우리나라에 많이 있다는 것을 알게 되었습니다. 이런 와중에 거리의 도서 비치대에서 『환단고기』 소책자를 집어 들었습니다.

그 후 역사에 관심이 있었던 저는 '강화도 환단고기 콘서트'에 초대받아 가게 되었습니다. 거기서 종도사님을 처음 뵈었는데 속으로 너무 기뻤지만 같이 갔던 분에게 아무 말도 하지 않았습니다. 증산도에 대해서 대충 알고는 있었지만 진리와 속 내용은 몰라서 좀 더 공부를 계속 해봐야겠다는 생각이 들었습니다.

사실 그 전에 대순진리회도 몇 번 가보고 얘기도 들어봤는데 이상하게도 전혀 끌리지가 않았습니다. 그 후 강남 선릉역의 아이타워에서 역사 강의를 몇 번 들었고 진리 강좌도 한 번 들었습니다. 그제서야 알게 되었지만 계속 연락이 와서 '장 선생님'이라고 그냥 편하게 불렀던 분이 증산도 영등포도장에 다닌다는 사실을 알게 되었습니다. 그 분으로부터 『증산도의 진리』란 책을 선물 받고 읽었는데 확 깨이는 느낌이 들었습니다.

『도전』을 읽어봐야겠다는 생각이 강하게 들어서 구입해 읽기 시작하였는데 처음서부터 한 글자도 놓치지 말고 읽겠다는 생각으로 앞머리부터 읽어나가기 시작했습니다. 『도전』을 처음 펼쳐보는데 상제님의 어진을 보고 너무도 빛나고 위엄스럽고 한편 두려운 마음이 동시에 들어 두 손을 합장하고 허리 숙여 인사를 드리고 간행사부터 읽기 시작하였습니다. 읽다 보니 "개명장이 나는 날에 일꾼들이 일제히 개심한다."는 구절이 있었는데 꼭 귀에다 대고 얘기하시는 것 같아 가슴이 벅차 오르고 갑자기 눈물이 쏟아져 나왔습니다.

밤늦도록 며칠을 계속 읽어나가면서 책 내용이 예전부터 알고 있었던 것처럼 하나도 어려움 없이 머리에 쏙쏙 들어오고 상제님이 진짜 상제님이란 걸 바로 알았습니다. 말씀 한마디 한마디가 가슴에 박혀 들어왔습니다. 지난 11월 29일 대전에서 열린 천지보은 대천제에 참석하였는데 그날이 제 생일이었습니다. 태을궁에 서 있으니 감전된 것처럼 머리서부터 발끝까지 기운이 쭉 관통하였고 눈물이 계속 나왔습니다. 아무도 모르게 감추려 애썼습니다. 그리고 나서 영등포도장에 처음 갔는데 '이제야 내가 여기에 왔구나' 하는 생각에 계속 눈물이 나왔습니다.

도장의 수호사님께서 입도 준비를 위한 정성수행을 21일 하라고 하여 매일 수행하기 시작하였습니다. 첫날에는 상제님과 태모님 어진 앞에 감히 서기가 두려운 마음이 들었는데 정성수행을 마치고 나니 환하게 웃어주셔서 마음이 편안해졌습니다. 정성수행을 하는 과정에서 느낀 메시지들과 생각을 정리해 보았습니다.

저에게 많은 사람을 살릴 지혜와 힘과 용기를 주시옵소서 / 성금은 사람을 살릴 천지공사의 군자금이다 / 태을주는 여의주다, 태을주 소리에 녹아 들어라, 무아지경으로 몰입하여라 / 상제님, 허락하여 주시옵소서, 상제님의 허락 없인 아무 것도 안될 것임을 알고 있사옵니다 / 정말 염치없고 부끄럽지만 전생과 이생에서 범한 죄와 허물을 모두 사하여 주시옵소서(속죄의 심고를 드리고 대성통곡함) / 항상 밝고 의로운 생각을 하여라 / '태을주는 여의주니라'의 참뜻을 체득하였는가/ 끊임없이 태을주 수행을 하여 입과 마음에서 떨어지지 않게 하여 기운이 붙게 하라 /

그 외 머리 속에서 잡념의 기운을 끄집어내는 등 여러 가지 체험을 하였지만 중요한 것만 적어 보았습니다. 이제 입도를 앞두고 상제님과 태모님의 말씀을 다시 한번 마음에 새겨보고자 합니다. ◎

생장염장,
이 얼마나 과학적인 원리인가!

춘생추살, 새벽수행, 진리, 제사, 도전

양재영(46)

전북 김제시 / 무직 / 145년 음4월 / 익산신동도장

1997년쯤 어느 날 증산도에 다니는 친구가 집에 찾아와 도장에 같이 가보자고 했습니다. 증산도에 관심은 없었지만 친한 친구여서 따라갔습니다. 익산신동도장에 들어선 순간 눈에 띄는 것은 상제님과 수부님 성안聖顔이었습니다. 사배를 하고 주송을 따라서 했지만 너무 어색하였습니다. 친구가 세상 사람들이 흔히 말하는 '사이비종교'에 빠졌다는 생각이 들어 그날 이후 도장에 나가지 않았는데, 한 달쯤 지나니 친구가 찾아와서 『도전』(초판본)을 읽어보라며 선물하더군요. 큰 관심은 없었지만 한번 읽어보았습니다. 축지법을 쓰고 도술을 부리고 사람을 거미로 만들고...역시나 이상한 내용들로 가득 차 있어 책을 덮고 책장에 꽂아둔 것이 15년 이상이 되었습니다. 그 뒤로 건설회사를 2년 정도 다니다가 그만두고 가게를 했습니다. 여러 사람을 만나다보니 자연스럽게 다양한 종교를 가진 사람들과 얘기를 나누게 되었습니다. 그들 중에는 같은 종교의 신앙을 하면서도 자기들이 절대적으로 옳고 다른 계파는 이단이라고 서로 비방하고 싸우는 경우를 많이 보았습니다. 이 때문에 후일 이

홍범 박사의 『아시아 이상주의』를 읽으면서 서구 열강들이 자국 국민들을 통합시키고 외부로 세력을 확장하기 위해서 종교라는 명분을 내세워 이용했다고 분석한 부분에 대해 놀라움과 함께 많은 공감을 하게 되었습니다.

사실 저는 고등학교 때 2년 정도 원불교를 다녔기 때문에 불교 쪽에 관심이 많았습니다. 모든 생명을 소중히 하고 함부로 살생하지 말라는 말이 가슴에 와 닿았습니다. 그리고 '하나님을 믿으면 죄사함을 받고 천국에 간다'는 단순한 말보다 '인과응보' '죽으면 영혼이 어떻게 천도되나, 어떤 과보를 받는가, 왜 수행을 해야 하는가'를 설명하는 게 과학적으로 들렸습니다. 과학을 신봉하고 모든 것에 과학적 잣대를 들이대는 서양인들이 유독 종교에서만큼은 비 과학적인 게 얼마나 우스웠는지 모릅니다.

나중에 제가 구약성경을 읽을 기회가 있었는데 구약성경에도 인과응보를 의미하는 내용이 나옵니다. 하나님이 잘못한 사람 당대에만 벌하는 게 아니라 삼대三代를 벌하겠다는 말씀입니다. 제가 얘기 나눈 사람 중에는 나이 드신 무당이 있었습니다. 손님이 찾아와서 물어보면 어떻게 아냐고 물어보았습니다. 그분은 동자童子신을 모셨었는데 동자신이 얘길 해준다고 했습니다. 저는 궁금했습니다. 불교에선 49재를 지내면 영가가 몸을 받아 다른 곳으로 천도된다고 알고 있는데, 왜 동자신이 이 세상에 남아있을까? 영가가 천도받지 못하고 이 세상에 남아 있을 수 있나? 그 영가들은 죄업이 많아서 천도되지 못한 게 아닐까? 그렇다면 그 영가들은 좋지 않은 영靈이 아닌가?

또 구약성경 「전도서」에서 '사람이 죽으면 사람의 것은 하늘로 가고 돼지의 것은 땅으로 간다'(전도서 3장 21절)라는 글귀를 읽고 무척 궁금했습니다. 천국이나 지옥으로 간다고 하지 않고 왜 하늘이

나 땅으로 간다고 했을까? 불교에서 덕德을 쌓고 수행을 많이 한 사람은 영혼이 가벼워 하늘로 떠오르고 착착著이 많고 수행을 하지 않은 사람은 영혼이 뜨지 못하고 땅으로 내려앉아 축생畜生을 받는다는 말의 다른 표현이 아닐까?! 성경공부를 가르치던 한 교회의 전도사에게 물어봤더니 '착한 사람은 영혼이 하늘로 가고 돼지 같은 사람은 영혼이 땅으로 간다'는 답변을 들었습니다. 아울러 쓸데없는 것, 이상한 것을 물어본다는 말을 들었습니다.

2013년 겨울 어느 날 밤늦은 시간에 텔레비전 채널을 돌리다 우연히 상생방송을 알게 되었습니다. 태상종도사님께서 우주변화의 원리인 '생장염장'에 대해서 전하고 계셨습니다. 개벽 때 병겁이 돌고 자연재해가 발생해서 사람들이 많이 죽을 수밖에 없는 이유를 들었을 때 정신이 번쩍 들었습니다. 성경의 「요한계시록」에서 말하는 게 이것이구나. 생장염장! 이 얼마나 과학적인 원리인가! 기성종교에서 말하는 말세보다 타당성이 있고 설득적이었습니다. 며칠 뒤 친구들에게 상생방송을 아느냐, 봤느냐고 물어봤습니다. 대부분이 상생방송을 알고 있었고 잠깐이나마 시청했다고 했습니다. 그래서 시청소감이 어떠냐고 물어보았는데, "증산도의 교리는 그럴싸하다. 타당성이 있다. 그러나 이단이다."라는 대답을 들었습니다. 저는 아무런 말도 하지 않았습니다. 그렇지만 일을 마치고 귀가하여 밤마다 상생방송을 보았습니다.

어느 날 태상종도사님께서 '신명'에 관해 말씀하고 계셨습니다. 신명의 존재를 이해하게 되면서 '무당이 어떻게 신을 모시는 게 가능한가?'와 구약성경 전도서에서 말하는 '사람이 죽으면 사람의 것은 하늘로 가고 돼지의 것은 땅으로 간다'는 저의 궁금증이 풀렸습니다. 사람에게는 혼과 백이 있어서 죽게 되면 혼은 하늘로 올라가고 백은 땅에 남아있게 되는 것이었습니다.

전에 『도전』을 읽을 땐 무협지 같다고 생각을 했었는데 상생방송에서 태상종도사님 말씀을 들어보니 더 이상 『도전』이 무협지 같은 내용이 아닐 거라고 생각했습니다. 저는 구체적인 『도전』의 내용이 궁금해졌습니다. 『도전』을 읽고 '일체유심조', '마음을 잘 닦아라'는 불교의 가르침과 상제님 말씀이 다르지 않고 더 나아가서 '신명과 조상신' 그리고 '후천개벽'에 대해 상제님께서 말씀하셨다는 것을 알았습니다. 그래서 전에 방문한 적이 있는 익산신동도장에 찾아가서 포정님과 얘기를 나누었고 매일 집에서 『도전』을 읽었습니다. 참 좋은 말씀들이 많다고 생각했습니다. 이 당시 저는 불교의 선禪에 관한 책들을 공부하고 집에서 매일아침 20분씩 선 수행을 하고 있었습니다. 그래서 상제님 말씀은 좋은데 도장에 나가는 것을 쉽게 결정내리지 못했습니다. 어느 날 『도전』에서 "한 몸으로 두 마음을 품는 자는 그 몸이 찢어지고, 한 어깨에 두 짐을 지면 더수기가 찢어지나니 주의하라."는 상제님 말씀을 보았습니다. 마음의 결정을 내리지 못하는 제게 상제님께서 말씀하시는 것 같아서 뜨끔했습니다. 그래서 도장에 나오게 되었고 입도를 결심하게 되었습니다. ◎

태을주를 읽으며
무한한 성령의 조화를 느껴

상생방송, 태을주, 이것이 개벽이다, 신도체험

권재남(52)

경북 안동시 / 건축업 / 146년 음9월 / 구리수택도장

　1990년대 초반 길에서 우연히 어떤 사모님으로부터 『이것이 개벽이다』 상, 하권을 선물 받고 그 당시 서울신촌도장을 방문하게 되었습니다. 책을 받아 읽으면서 그 당시의 느낌으로 '세상이 상당히 급박하게 돌아가고 있구나'라고 생각했습니다. 그 후 자녀를 기르다 보니 잊고 지냈습니다. 20여 년의 세월이 지나는 동안 막연히 '인간으로 태어나서 진정으로 성공하는 길이 무엇일까?'에 대해 생각하며 살았습니다.

　그러다가 몇 해 전에 TV채널을 만지작거리던 중에 무궁화 꽃이 피어 있는 상생방송을 접하게 되었습니다. 거기에서 20년 전에 읽었던 '개벽' 책 내용이 나오는 것이었습니다. 내심 놀랍기도 하고 반갑기도 해서 짬짬이 가족들 몰래 보게 되었습니다. 그러면서 태을주를 암송하고 다녔습니다. 일하면서도 그냥 읽어 보고 주위에 아무도 없을 때는 혼자서 소리 내어 읽어 보기도 했습니다. 아무 생각 없이 일하면서 읽을 때는 호흡이 조절되고 태을주의 힘이 느껴지기도 했습니다. 그래서 매우 힘든 일도 아주 쉽게 하게 되었습니

다. 저 자신도 놀랐으며 주위에서도 경악을 금치 못할 정도였습니다. 그렇게 한 달 정도 태을주를 읽고 다녔습니다.

　그러던 어느 날 점심을 먹은 후 잠시 휴식을 취하던 중에 태을주를 읽었습니다. 이때 비몽사몽간에 이런 체험을 하였습니다. 아득히 먼 허공에서 옥색 옷을 곱게 입으신 어떤 여성분이 운거雲車를 타고 우리 집 주차장에 내려오셨습니다. 그분이 저에게 다가오셔서 저를 한번 쳐다보더니 주변을 시찰하듯이 살피고 홀연히 밖으로 나가셨습니다. 이때 벌떡 일어나서 저도 그분을 따라 나섰습니다. 잠시 후 그분의 행방이 묘연하여 방금 나가신 여성분이 어디로 갔느냐고 경비실에 물어보았습니다.

　하지만 경비실에서는 그런 분을 보지 못하였다고 하였습니다. 너무나 아쉽고 허전한 마음을 달래며 정신을 차려 보니 꿈인지 현실인지 모르는 경계에서 체험했던 참 신이한 일이었습니다. 또 태을주를 읽으며 2년의 시간이 흘렀을 때였습니다. 남편이 약을 잘못 먹어서 갑자기 정신이 혼미해진 때가 있었습니다. 그날 밤에 저도 모르게 운장주를 아주 간절한 마음으로 읽으면서 쾌차를 빌었습니다. 몇 시간이 흘러 한밤중이 되었습니다. 붉은 옷을 입으신 분이 홀연히 제 앞으로 다가오시는 것이었습니다. 저도 모르게 머리를 숙이고 놀라 그분 앞에 엎드려 '아버지!' 하고 외치면서 절을 올렸습니다. 앞의 여성분은 태모님이시고 뒤에 뵈었던 분은 상제님이시라는 것을 도장에 모셔져 있는 상제님과 태모님의 어진을 보고 깨닫게 되었습니다.

　상생방송에서 태을주를 혼자 읽지 말고, 도장에서 태을주를 제대로 읽어야 된다고 했고 기도를 잘못하면 욕급선령辱及仙靈이 된다고 하였습니다. 이것은 잘못하면 안 되는가 보다 여기고 때를 살펴서 도장을 방문해야겠다고 마음먹게 되었습니다. 도장에 와서 포정님과 팔관법을 공부하였습니다.

진리공부를 하기 전에 105배례와 태을주 수행과 도공을 하였습니다. 이때 체험한 내용 몇 가지가 있습니다. 은색도 아니고 검은색도 아닌 공중에서 어떤 동물이 보였습니다. 그 동물이 입으로 붉은색의 둥근 공을 물고 정중앙으로 저에게 돌진해 오는 모습을 보았습니다. 또 회색 같은 안개 속 위에 드러난 회색 한옥을 보았습니다. 그 다음 날에는 어떤 여성분이 분홍빛 우아한 옷을 입고 금왕관을 쓴 채로 분주하게 지휘하는 모습과 아늑한 S자의 구불구불한 길에서 화려한 옷을 입고 화려한 북을 치면서 행진하는 많은 사람들을 보았습니다. 또 그 다음 날은 동자 2명이 금색 옷을 입고 금색 복건을 쓰고 금색 버선인지 신발인지는 구분이 안 되지만 그걸 신고서 금색 시소를 타고 노는 모습도 보았습니다.

저는 평상시 꿈도 안 꾸는 사람입니다. 그런데 이런 체험을 하면서 태을주와 운장주, 칠성경 등 주문 속에 담긴 무한한 성령의 조화를 느껴 보았습니다. 제가 그동안 모르고 살았던 새로운 세계, 후천 선경세계를 알게 되었으니 우주의 인간농사를 짓는 이때에 인간 참 종자로서 꼭 남고 싶습니다. 흔들림 없고 성경신을 다할 수 있는 사람이 되기 위해서 입도를 결심하게 되었습니다. 입도를 허락해 주신 상제님과 태모님, 태사부님과 사부님, 그리고 조상선령님께 보은하는 참 일꾼이 되겠습니다. 보은!! ◎

"태을주를 읽자
상제님의 사자가 보였습니다"

이것이 개벽이다, 대천제, 도공, 태을주

이미영(42)

강원 홍천군 / 떡집 운영 / 144년 음12월 / 태안도장

2004년 봄 즈음에 남편이 증산도 전단지를 보고 전화를 해서 도장을 찾아갔습니다. 그곳에서 남편이 『이것이 개벽이다』 책을 사서 집으로 가져와 읽게 되면서부터 우리 집에 상제님 진리와의 인연이 시작되었습니다. 남편은 책을 읽고 순식간에 증산도 진리로 빨려 들어갔고 증산도 신앙을 하려고 하였습니다. 저는 당시에 우리 가게에서 일하시던 아저씨가 무속인이었고 그 아저씨에게 불쌍하게 돌아가신 친정 엄마를 천도하면서 시달리던 우울증과 말기암에서 벗어난 것을 계기로 아저씨만 믿고 매달리던 터라 남편의 증산도 신앙을 반대하였습니다. 하지만 도장에 못 나가게 하는 것은 성공하였지만 남편이 진리서적을 읽는 것 만큼은 말릴 수가 없었습니다. 포정님이 줄기차게 저희 가게로 찾아오면서 남편의 신앙은 점점 말릴 수 없는 상태로 발전되어 갔습니다.

10여년의 세월 동안 남편은 하루도 거르지 않고 상제님, 태모님 『도전』 말씀과 태사부님 사부님 말씀테이프를 2~3시간씩 들었습니다. 저에게는 함께 신앙을 하자고 지치지 않고 졸랐습니다. 도장

에 나가는 것은 막았지만 태을궁 대천제 만큼은 남편의 성화에 못 이기고 가족들이 함께 참여하기 시작했습니다. 끝끝내 남편은 입도를 하자고 압력을 가해오기 시작했고 결국 남편 혼자서 입도를 하는 것을 허락하게 되었습니다. 절대로 가족들을 입도로 끌어들이지 말라고 하면서 2년여를 버텼는데 지난 성탄치성 전에 제 몸에 갑자기 당이 와서 바지춤에 주먹이 2개가 훌렁 들어갈 정도로 살이 빠지면서 병원 진단 결과 당수치가 굉장히 위험한 정도라는 말을 듣고 도공을 간절한 마음으로 열심히 하게 되었습니다. 놀랍게도 성탄치성 후에 병원에 갔더니 거짓말처럼 당 수치가 정상이라는 진단을 받게 되면서 마음의 동요가 일어나기 시작하였습니다.

성탄치성 후 2달도 안 되어 아들 둘을 차에 태우고 제가 운전을 해서 등교를 시켜주던 중이었습니다. 청양으로 들어가는 사거리 교차로에서 15톤 트럭과 90도 각도로 충돌을 하는 끔찍한 교통사고를 당하게 되었습니다. 나중에 들은 이야기인데 구급차가 도착해 구급대원들이 운전석 핸들 아래 완전히 접혀서 처박힌 채 피투성이가 된 저를 특수장비로 간신히 꺼내는 것을 본 동네 사람들이 혀를 차며 다 죽었구나, 저 집안이 이제 끝장이 났구나 했다는 소리를 들었습니다. 저와 아들 둘은 앰뷸런스로 병원에 실려가면서 10년 동안 남편한테 세뇌된 대로 그저 살려달라는 마음으로 태을주를 소리 내어 읽기 시작하였습니다.

당시 저는 피투성이가 되어 눈도 못 뜨는 상황이었는데 어찌된 일인지 구급차에 신사복을 입은 사람이 저와 함께 태을주를 읽어주는 것을 보게 되었습니다. 도장에서 소식을 듣고 포정님이나 누군가가 와서 태을주를 읽어주고 있다는 생각과 함께 어떻게 이렇게 빨리 알고 달려올 수가 있나 하는 의아한 생각을 하면서도 병원에 도착할 때까지 정말 큰소리로 태을주를 함께 우렁차게 읽었습니다.

알고보니 도장에서 온 것이 아니고 하늘에서 내려온 상제님의 사자였던 것입니다.

병원에서 큰아들이 뇌출혈이 멈추지 않아 중환자실에서 수술을 할 것인지 어떻게 할 것인지 상태를 보고 있을 때 저는 정말 간절한 마음으로 아들을 살려달라고 태을주와 칠성경을 쉬지 않고 읽어댔습니다. 정말 기적같이 아들이 코피가 터져 나오며 뇌출혈이 멈췄고 불과 2주 만에 온 가족이 무사히 퇴원을 하게 되었습니다. 이것이 바로 상제님의 은혜라는 것을 처절하게 깨닫고 입도를 결심하게 되었습니다.

제 남편은 제가 인정하건대 정말로 세상 누구보다 착한 사람입니다. 10년의 시간 동안 지치지 않고 마음속으로 지극한 정성에 기도를 하며 기다려준 남편에게 정말로 감사 또 감사드립니다. 이번에 저와 아이들이 모두 입도를 해서 가가도장을 이루고 남편 소원대로 가게 위층 빈 건물을 도방으로 꾸미는 것도 허락해주었습니다. 더불어 10년 동안 포기하지 않고 저희 집안을 상제님 진리로 인도하기 위해 매달 찾아와준 포정님께도 진심으로 감사드립니다. 이제는 온 가족이 상제님 진리로 뭉쳐 청양 사람들을 살리는데 일조를 하리라 다짐해봅니다. ◎

가슴에 품었던
사명을 이루는 기회

역사, 단수련, 환단고기, 개벽, 수행

박정원(53)

전북 남원시 / 자영업 / 144년 음10월 / 뉴욕도장

39년 전 제가 13살 되는 해에 제 인생에 커다란 파문을 일으키게 하는 중요한 사건이 하나 있었습니다. 언젠가는 그 일을 꼭 해야지 하는…….어느 날 저희 중학교 선생님 한 분이 우리나라 역사에 관해서 말씀하셨습니다. "너희들이 배운 역사는 잘못된 역사다."라고 하시는 말씀에 나 자신은 불현듯 알고 싶었습니다. 그러면 어떤 역사가 진실된 대한민국 역사인가? 수업이 끝난 후에 선생님께 여쭈어 보았습니다. 그 때 선생님께서 몇몇 책을 소개해 주셔서 그 길로 서점에 가서 구입을 하여 읽고 난 후에 정말로 큰 충격을 받았습니다. 이렇게 찬란하고 방대한 우리나라 역사를 왜 우리는 배우지 못할까? 참으로 안타까운 이 현실 앞에서 나는 무엇을 해야 하나 하고 반문해 보았습니다. 그때 저는 가슴 깊이 제 스스로 결심했습니다. '내가 언젠가는 우리나라의 역사를 되찾아서 세상에 알려야지'

가정형편이 여의치 않아 저는 중학교를 졸업하고 서울로 상경하여 직장생활을 하며 부모님과 분가해서 독립적인 생활을 하였습니다. 몇 년에 걸쳐서 틈틈이 돈을 저축하여 저는 고등학교에 갈 수

있었습니다. 배울 수 있는 기쁨과 행복 그리고 주변의 많은 분들께 도 감사했습니다. 그때 당시 저는 산을 좋아하다 보니 우리나라에 유명한 산이라 하면 거의 다 등반을 했었고 책 읽는 것이 취미라 많은 책들도 읽고 토론도 하며 많은 벗들과 밤을 지새우기도 하였습니다. 참으로 좋은 때였고 젊음이 만끽되는 시절이었던 것 같습니다. 하지만 고등학교를 졸업하고 사무직에 근무하면서 해가 거듭할수록 직장에서 오는 스트레스로 인해 많은 갈등을 하게 되었습니다. 그즈음에 단丹 수련을 시작하였습니다. 수련을 통해서 기氣를 느끼고 마음에 평온함을 얻고, 예전에 경험해 보지 못한 신비한 우주의 에너지와 내 몸이 하나 됨을 알게 되었습니다. 어느 날 심성수련을 통해 내 안에 있는 자아(신성)를 찾았습니다. 제 자아가 원하는 것은 '나와 민족과 인류를 살리는 길'이었습니다. 그래서 제 주변의 모든 것을 정리하고 단학 지도자의 길을 가기로 결심했습니다. 국내에서 활동하다가 미국 세도나, 그리고 하와이에서 근무하였습니다. 그러나 많은 모순점과 현실에 맞지 않은 부분 때문에 그만두었습니다.

그후 친구의 소개로 외국인 회사에 다니면서 미국의 문화, 풍습, 언어 등을 배울 수 있는 아주 좋은 기회를 가질 수 있었습니다. 12년 동안 근무하면서 미국 사회의 상류층과 중류층에 속한 많은 고객들을 만날 수 있었고, 그들과의 유대관계를 통해 아주 가까운 친구가 될 수 있는 좋은 계기가 주어졌습니다. 그러다 작년 7월말에 직장을 그만두었습니다. 오랜 세월 속에서 직장생활로 너무 분주하게 살다 보니 제 인생에 있어서 나를 위해 투자할 수 있는 기회가 아주 적었습니다. 이제부터라도 내가 하고 싶은 공부도 하고 서예도 배우고 틈틈이 책을 보아야겠다고 생각하였습니다.

그런데 올봄부터 불현듯 『환단고기』 책을 다시 읽어야 한다는 느낌이 왔습니다. 인터넷에서 검색해 보았더니 상생출판의 『환단고기』 책이 나와 있었습니다. 그때 제 가슴에 강한 느낌이 와서 한국에 있는 동생에게 부탁해서 책을 구입하게 되었습니다. 『환단고기』 책을 열면서 짜릿한 전율이 제 온몸으로 느껴졌습니다. 이제야 제대로 된 역사를 공부할 수 있겠구나! 아 이게 얼마만인가! 이 책이 수많은 어려운 역경 속에서도 굴하지 않고 완성되어 세상에 나오기까지 많은 선조님들과 안경전 역주자님의 혈성어린 노력이 있었음에 감사드립니다. 제가 39년전 하고 싶었던 일을 안경전 종도사님께서 이미 다하셨습니다. 다시 한번 감사드립니다. 책을 읽으면서 몇몇 미국 친구들에게 설명해 주고 보여 주었더니 친구들이 저에게 영어로 번역된 책이 있느냐고 물어왔습니다. 그래서 제가 상생출판사에 전화를 해서 『환단고기』 책을 영어로 번역을 해 주셨으면 하고 여쭈어 보았습니다. 그리고 다른 외국어로도 번역을 해서 세계인들이 앞으로 바른 역사를 공부할 수 있으면 좋겠다고 말씀드렸습니다. 그로 인해 상생출판사에 근무하고 계신 분이 많은 서적들을 저에게 보내주셨습니다. 그래서 증산도를 알게 되었고 관심을 갖게 되었습니다.

강증산 상제님과 태모 고수부님께서 저희 간방에 오셔서 다가오는 가을개벽을 대비하여 수많은 천지공사를 하셨고, 이신사理神事 원리를 통해서 삼라만상에 존재하는 모든 것을 개벽하신 것을 알았습니다. 앞으로 개벽이 되어 후천 5만년 선경세계가 열리는 이치를 조금이나마 알게 되었습니다. 지금부터라도 제대로 된 진리공부와 수행을 통해 증산도에 입도하려고 수행을 하고 있습니다. 이 시점에 오기까지의 과정을 되돌아보면, 온갖 번뇌와 고통, 한 많은 인생 속에서 살아온 삶이 결국 저를 바르게 인도하고자 훈련(Trainning)을 시켰던 것 같습니다. 예전에 단丹 지도자의 길을 가기 전에는 새로 구입한 승용차가 사고로 망가지더니, 이제는 증산도의 길을 가려고 하니 제 왼쪽 팔꿈치 뼈가 부러져서 수술을 하였습니다. 그래도 저는 이 길을 가려고 합니다. 왜냐하면 제가 39년전 제 가슴에 품었던 사명을 이룰 기회라고 생각하기 때문입니다. 진실로 저희 조상선령님과 천지신명님들께 무한한 감사를 드립니다. 앞으로 지구촌을 위하여 많은 영혼을 살리는 일을 열심히 하겠습니다.

2014년 11월 15일 New York Hickory Hill에서 올림 ◎

지상에서 사명을 완수해야

환단고기, 아시아 이상주의

장승진(60)

강원 홍천군 / 춘천여고 교장 / 145년 음5월
/ 춘천중앙도장

중학교 2학년 때 우연히 UFO라는 것을 발견하고 이것이 인간의 능력으로는 실체를 알 수 없는 미확인비행물체를 뜻한다는 사실을 알았습니다.

그후 우주와 이 세상의 불가사의한 일들에 대해 관심을 가지게 되어 각종 서적에 나타난 세계의 불가사의에 관한 기사를 챙겨 읽고 노스트라다무스 등의 예언서를 탐독하였습니다. 남들이 과학책에 관심을 가질 때에도 오히려 초과학, 공상과학이나 신화, 심지어 무당, 미신 등에 더 많은 관심을 가지게 되었습니다.

그리고 고교 시절부터 천주교, 불교, 기독교, 도교, 유교 등 각 종교에도 관심을 가지게 되어 이 갈증을 시원하게 풀어 줄 해답을 찾아보았지만 그런 답은 구할 수 없었습니다. 사주팔자나 점을 치는 행위, 주역이나 명리학 등의 학문은 곁눈질로만 보며 '저기에도 뭔가가 있을 텐데..' 하는 막연한 호기심을 가졌습니다.

그러던 중 40대 초반에 「우주인이여 나를 데려가라」라는 프랑스 사람이 쓴 책을 보았습니다. 책에서는 인류의 창조자 엘로힘(성경에는 유일신으로 언급되어 있으나 복수형으로 하늘에서 온 사람들이란 뜻)을 인용하며 성경이 잘못된 해석으로 나가고 있다는 점을 지적하고 그가 하늘에 올라가 설계자들을 만나고 석가, 예수, 마호멧을 메신저로 보냈다는 이야기를 전해 듣고 그럴지도 모른다는 생각을 하게 되었습니다.

이후 라엘리안 운동을 전개하여 우주인들을 맞이하자는 운동으로 발전시키고 있다는 소식에 충격과 함께 기존 종교에 대한 회의가 밀려오기도 하였습니다. 뿐만 아니라 많은 사람들의 임사체험을 다룬 책들과, 몇 년 전 신경외과 의사의 임사체험을 다룬 책『나는 천국을 보았다』를 읽으면서 우리가 알지 못하는 세계가 존재한다는 확신이 들었습니다. 최근 영화 〈인터스텔라〉, 〈인셉션〉 등에서 보이는 종교와 과학의 벽이 허물어지는 내용들이 저에게 끝없는 진리에 대한 욕구를 불러 일으켰습니다.

눈에 보이지 않지만 기氣에 대한 많은 논의와 실제 사례들, 의학적 적용 등도 눈여겨 보아왔습니다. 한국사 책을 보며 느꼈던 답답함을『환단고기』와의 만남을 통해 우리나라의 왜곡된 역사를 바로잡아 국통맥을 바로 세워 역사전쟁에 대비해야겠다는 결심으로 변화시켰습니다. 최근 이홍범 박사의『아시아 이상주의』를 통해 학문적으로 자리 잡는 과정을 느끼면서 외국인을 위한 한국어교육 자격증 공부를 해서 퇴임 후 한국의 언어는 물론 역사문화를 가르치는 일을 해야겠다고 계획하게 되었습니다.

예전부터 여행을 좋아하여 해외여행을 많이 하면서 가졌던 우리의 뿌리문화에 대한 관심도 한몫을 했다고 생각합니다. 전혀 예측하지 못했던 자녀 사망이라는 가정적인 큰일을 겪으면서 인생의 무상함을 느끼고 있을 때 혼란에 빠진 아내를 안심시키고 가정의 안정을 회복하기 위하여 아내의 권유대로 교회를 열심히 다녔습니다. 하지만 종종 타 종교에 대한 배타적 태도와 독선을 지닌 사람들과 입으로 하는 신앙과 몸과 마음으로 하는 신앙이 다른 사람들을 만날 때 마다 많은 실망을 하게 되고 사후에 천국 가는 것보다 살아남아 나에게 주어진 사명을 완수하는 쪽의 중요성을 인식하게 되었습니다. 조상 제사를 죄악시하는 것도 마음에 들지 않았습니다. 그러면서 어린 시절 산에 치성을 드리러 다니시던 할머니 생각도 다시 하게 되었습니다.

개벽 소식을 오래전에 전해 주고 이어 많은 책과 자료를 꾸준히 제공해 주며 증산도로 인도해 준 인도자의 헌신으로 증산도에 대해 많은 것을 알게 되었고, 수호사님과의 상담으로 최종 입도 결심을 하게 되었습니다.

앞으로 우주변화의 원리, 『도전』 등 진리공부에 더욱 정진하고 일심으로 태을주 수행을 하여 혼란과 병겁의 시대에 생명을 살리는 역할을 하고자 합니다. 제가 이제껏 쌓아온 경험을 열린 마음으로 재조명하고 새로운 광명의 신천지로 들어가는 발걸음을 조심스럽게 떼어놓고자 합니다. 감사합니다. ◎

인생의 근본 원리를 모르고 있도다

인생을 위해 천지가 원시 개벽하고
인생을 위해 일월이 순환 광명하고
인생을 위해 음양이 생성되고
인생을 위해 사시(四時) 질서가 조정(調定)되고
인생을 위해 만물이 화생(化生)하고
창생을 제도(濟度)하기 위해 성현이 탄생하느니라.
인생이 없으면 천지가 전혀 열매 맺지 못하나니
천지에서 사람과 만물을 고르게 내느니라.

(증산도 道典 11:118)

하늘과 땅이 낳은 만물 중에 가장 소중한 그대!
상극의 원과 한이 메아리치는
저 깊은 선천의 어둠을 거두고
온 인류의 꿈, 지상선경을 열어주시는
천지부모의 큰 은혜에 보은하라!

생명의 주인이신
상제님의 가을진리 속에서
참사람으로 거듭나 상생의 도심道心을 활활 불태우라.
무너지지 않는 천지성공의 큰 열매를 맺을지라!

– 안경전 종도사님

PART 4

선천종교를 떠나
무극대도를 만나

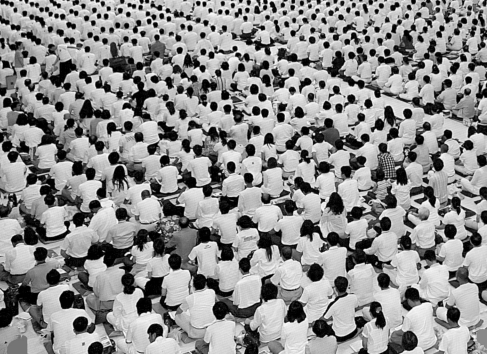

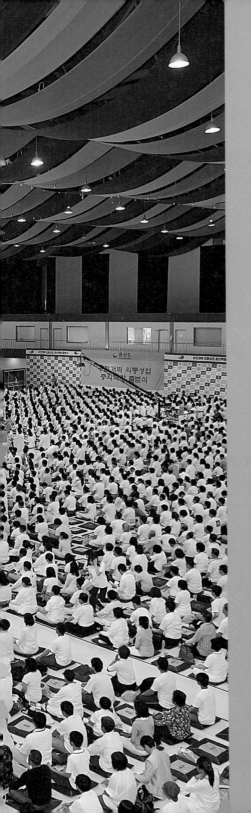

❝ 생명체를 가진 사람으로서 이 세상에 가장 존귀한 게 뭐냐 하면 바로 자기 자신이다. 그러면 가장 존귀한 내 자신을 낳아 준 사람이 누구인가? 바로 내 부모, 내 조상이다. 내 조상으로 하여금 내 자신이 태어났기 때문에 내 조상이 옥황상제님보다도 우선되는 제 1의 하나님이다. **❞**

– 안운산 태상종도사님 말씀

원시반본의 섭리 (7분 44초)

상제님 도문에 들어
시천주 신앙의 삶을 살고파

대순진리회, 교회, 태을주, 상생방송, 도전

임강섭(60)

전북 정읍시 / 농사 / 146년 음3월 / 전주경원도장

　과거에 진리를 배우기 위해 아내와 대순진리회를 다녔는데 아내는 도인들에게 밥을 지어 봉사하는 정성스런 신앙을 하였습니다. 그런데 고위 간부 도인이라는 사람은 그런 아내를 구박하고 말을 함부로 하는 것을 보았습니다. 아내와 저는 너무 실망하여 거기를 나와 참된 도를 찾아보았습니다. 어떤 목사가 하나님을 믿어 보라기에 '나는 믿고 있다'고 하니 목사 중에도 소경 목사가 있어 그런 데 가면 구렁텅이에 빠진다고 하였습니다. 참 목사를 만나야 된다는 이야기에 그 목사가 운영하는 교회를 나가보았습니다. 하지만 신앙하는 모습을 보고 너무 실망하여 나와 버렸습니다.

　그 이후로 농사짓는 생업에 집중하며 그런대로 재미나게 농사를 잘 지었습니다. 항상 새벽에 농산물을 가지고 전주 남문 새벽시장에 나가 장사를 하였습니다. 어느 날 자주 알고 지내던 재열이 형(편집자 주- 김자현 성도의 증손자 김재열 님)을 만났습니다. 형이 명함을 주면서 명함에 적힌 태을주를 읽어 보라고 했습니다. 태을주는 약주문이니 읽으면 약이 된다고 하였습니다. 농사를 지으며 산을 자주 가는 것이 낙인데 산을 오르면서 태을주를 읽어 보았습니다.

그때부터 다시 구도의 마음이 생겨났습니다. 지난 겨울에 재열 형이 상생방송 시청을 권유하였습니다. 시청해 보니 제가 좋아하는 다큐멘터리 프로그램이 우선 마음에 쏙 들어왔습니다. 그러면서 『도전』 말씀을 듣고 너무 좋아 한번 공부를 해 봐야겠다고 생각하고 상담 안내 전화를 걸어 『도전』과 『환단고기』 역주본을 구입하여 읽어 보았습니다. 너무 행복했습니다. 하지만 방송을 보면서 이 구도의 길을 간다는 것이 어렵다는 느낌이 들었습니다.

우선 도장에 가서 이야기를 들어봐야겠다는 생각이 들어 도장 주소를 알아보았습니다. 전주 경원동에 도장이 있어 차를 몰고 갔는데 이틀을 돌았지만 도장이 눈에 보이지 않았습니다. 재열이 형도 "상제님 신앙하는 단체가 다 같은 거 같아도 다른 단체가 많다."고 주의하라는 이야기를 하였습니다. 결국 도장을 못 찾고 성격이 내성적이라 맨 정신으로 말을 못할 거 같아 막걸리를 마시고 약간 기분이 좋고 용기가 난 상태에서 경원도장에 전화를 하였습니다. 도장 책임자가 전화를 받기에 '진리말씀을 듣고 싶은데 생활환경이 이러이러하다'고 이야기하니 '그럼 방문 가능한 시간이 몇 시인지 이야기해 달라'고 해서 아침 6시 정도라고 하였습니다.

그리하여 아침에 농산물을 내려놓고 아내에게는 열심히 팔라고 하고 전화를 걸고 도장을 찾아가니 미리 건물 밖에 나와 맞이해 주었습니다. 도담을 나누고 그동안 궁금했던 것도 질문하다 보니 시간이 쏜살같이 흘러 9시가 되었습니다. 아침 6시에 수행을 같이 하기로 약속하였습니다. 다음 날부터 특별한 일 외에는 아침 6시부터 수행을 하고 7시부터 9시까지는 차를 마시면서 도담을 나누며 가장 기본적인 진리의 기본 틀을 배웠습니다. 근 3주를 다니면서 상제님 도의 큰 틀과 목적, 개벽기 의통구호대가 하는 일, 지금 육임을 짜야 된다는 이야기를 듣고 자주 만나는 지인들에게 상생방송을 전하고자 전단홍보지를 도장에서 많이 받아왔습니다. 증산도 도장을 다니는 사이 혹시나 자기를 거치지 않고 도장에 가서 공부하는 것을 재열이 형이 서운해할까 봐 처음에는 산에 다닌다고 둘러서 이야기하였습니다.

어느 날 형에게 증산도장에서 수행하면서 공부하고 있다고 하니 형이 종도사님과의 인연을 이야기해 주며 "나는 그분하고 의형제를 맺었네. 앞으로 종도사님, 그분은 하느님이 될 분이네." 하고 이야기해 주었습니다. 그리고 마패에 담긴 이야기를 전해 주고 최근 마패로 가슴 아팠던 사연도 이야기해 주며 상제님이 만드신 마패라 하면서 한번 만져보라고 보여주었습니다. 여러 날 동안 수행하고 공부하며 종도사님 전주 순방에도 참여하여 말씀을 듣고 생각을 정리하였습니다. 저번에 도장 수호사님이 입도자격을 말씀해 주시고 신도 5대수칙을 하나하나 말씀해 주셨습니다. 현재 환경은 그렇게 신앙할 여건이 아니라고 하니 열심히 신앙할 수 있도록 하나하나 환경을 바꾸어 나가자고 말씀해 주셨습니다.

지금까지 인생을 살면서도 단 한 번도 나 자신을 위한 삶을 살지 못한 것 같습니다. 최근 아내와 산책하며 우리가 너무 우리 인생을 살지 않고 농사짓는 재미에 빠져 시간을 허비하는 것 같다고 하면서 우리 시간을 만들어 보자고 이야기를 나누었습니다. 아내는 과거 신앙 기억 때문에 곧바로 도문에 오기에는 망설임이 많이 있습니다. 최근에 시천주侍天主 주문을 궁금해하길래 가르쳐 주었습니다. 자식들은 아버지가 신앙한다고 하니 과거 어렵게 보냈던 때를 기억하며 반대의사를 나타냈습니다. 하지만 결국 내 인생은 내가 사는 것이기에 상제님 도문에 들어 상제님 진리대로 살고 육임을 짜서 세상을 위해 조금이라도 봉사하는 삶을 살기로 생각을 굳혔습니다.

주변 지인들에게 상생방송 홍보지를 전하며 방송 홍보를 하고 있습니다. 어떤 지인은 상생방송을 보고 있는데 교회 다니는 아내가 들어와서 상생방송을 보며 "저 방송 목사 죽이는 방송이네."라고 이야기하더랍니다. 저는 그 친구가 아내 때문에 상생방송을 안 볼 사람이 아니라는 것을 알기에 차근차근 도를 전할 생각입니다. 열심히 상제님 신앙인의 삶을 살고 싶습니다. ◎

"해원 천도식을 올려 준다니
고맙기 한량 없구나"

천주교, 조상님, 천도식, 태을주, 신도체험

최영례(74)

충남 금산군 / 주부 / 145년 음9월 / 천안구성도장

어릴 때부터 천주교 신앙을 하셨죠?

저는 아홉 살 때부터 할아버지의 손을 잡고 천주교에 따라다녔습니다. 문답교리를 해야 영세를 준다고 하기에 천주교 교리를 외우기도 했었습니다. 어린 생각에도 영세를 받으면 천주교에 뿌리를 내려야 한다는 생각이 들어 영세를 받지는 않았습니다. 제가 열세 살 때 할아버지께서 돌아가셨습니다. 그러자 저도 성당을 나가지 않게 되었습니다. 살아생전에 할아버지는 아버지에게 성당에 가자고 했었지만 아버지께서는 성당에 가지 않으셨습니다. 할아버지가 돌아가신 후 이모께서 박태선의 전도관에 가자는 권유를 하시자 아버지는 그때부터 전도관에 다니기 시작하셨습니다. 아버지는 지극 정성으로 전도관 신앙을 하셨고 집안일도 돌보지 않으셨습니다. 저도 아버지를 따라 5, 6년 전도관에 다니기도 했습니다. 결혼 후에는 아이들 키우랴 농사지으랴 교회를 한동안 다니지 못했습니다. 그러다 큰 아들을 낳은 후 지금도 잊지 못할 꿈을 꾸었습니다. 예수님이 공중에 나타나셨는데 머리에는 가시관을 쓰고 양팔이 묶인 채

피를 줄줄 흘리며 울고 계셨습니다. 제가 "왜 우십니까?" 하고 물으니 "나는 너를 위해 이 고통을 겪었는데 너는 왜 나를 모르느냐?"하는 소리를 들었습니다. 그후 고향인 금산을 떠나 서울로 이사하고 나서는 침례교회를 다니기 시작했습니다. 주일예배, 수요예배, 금요예배도 나가고 매일같이 일심으로 새벽기도도 다녔습니다. 이어 천안으로 이사를 온 후에도 매주 일요일이면 빠지지 않고 꼬박꼬박 5년 동안 서울로 교회를 다녔습니다.

따님의 증산도 신앙을 알았을 때는?

저는 오래도록 교회를 다니던 딸이 증산도에 가는 것이 못마땅했습니다. 어느 날 딸이 밤에 수행을 하는 것을 보고는 불쾌한 마음에 귀신한테 뭐하는 짓이냐고 화를 내면서 청수그릇과 상을 치워 버린 적도 있었습니다. 사이비 종교에 빠져서 교회를 안 가고 증산도에 다니는 딸에 대해 정말이지 못마땅하고 언짢은 마음만 들었고 시간은 계속 흘러갔습니다. 딸은 『춘생추살』 책을 내밀면서 읽어보라고 했습니다. 『도전』을 건네주기도 하였습니다. 그런데 『도전』은 너무나 우스꽝스럽고 허황된 내용으로 느껴져 책을 읽다가 덮어 버리기도 했습니다. 가끔씩 딸이 상제님 진리를 전해 주는데, 저는 이단이나 사이비 종교라고만 생각이 들어 딸이 전해주는 이야기가 귀에 들어오지 않았습니다. 딸은 이따금씩 신도 체험을 한 것들을 이야기해주었지만 저로서는 도저히 이해가 안되는 허황되고 허무맹랑한 이야기일 뿐이었습니다. 그러던 어느 날 딸이 외할머니에 대해 신도 체험한 내용을 생생히 전해 주었는데 정말 놀라운 내용이었습니다. 제 꿈에도 어머니께서 나타나셔서는 "배가 고프다, 배고파 죽겠다." 하시며 역정을 내셨습니다. 저의 어머니께서는 90평생 교회만 다니던 분이셨고, 신실한 믿음을 가지고 오직 기독교 신앙만을 하시던 분이었습니다. 저는 '왜 이런 꿈을 꾸었을까?'라는 생각을 하면서도 그 모습이 어머니의 형상을 하고 나타난 사탄 마귀라고 치부해버렸습니다. 돌아가신 어머니가 딸에게도 "혜란아! 배가 고프다, 배 고파 죽겠다."고 하셨다는 얘기를 듣고는 제 가슴이 미어지도록 아팠습니다.

돌아가신 모친을 만났을 때 느낌은?

저의 어머니께서 '해원 천도식'을 해달라고 하셨다는 소리를 듣고는 더 이상 미룰 수만은 없었습니다. 날을 잡고 보니 천도식까지는 한 달이라는 기간이 남아 있었습니다. 그때까지 기다리기에는 제 마음이 조급하기만 했습니다. 마침 어머니의 살아생전 생신날이 되어서 딸의 도움을 얻어 간소하게 생신상을 차려드렸습니다. 그날 저는 딸과 함께 제사를 모시며 태을주를 읽어 드리고 기도를 하였습니다. 그때 딸과 이야기를 나누었는데 딸의 음성이 어머니 음성 그대로였습니다. 딸에게 응기하신 어머니의 영靈과 이야기를 나눈 것이었습니다.

"고맙다. 영례야."

"내가 니들이 음식 하는 줄 알고 보따리를 갖고 왔다."

"남은 음식 다 싸 갈란다."

"천상에 있는 새끼들도 맥여야지…"

제가 "그럼 음식이 모자라는디?" 하고 얘길 하니까 어머니는

"아껴서 맥여야지"

"내가 상을 또 언제 받을지 모르지만 애껴서 먹어야지." 등등 한참을 이야기 나누었습니다.

"혜란이가 직선조 천도식을 올려 드렸을 때 니 시아버지는 그때 입도를 했다."

"내가 그때 얼마나 부러워했는지 아냐?"

"상제님 진리에 입도를 하고 싶어서 내가 얼마나 부러워했다고." 라는 말씀을 하며 서럽게 울기도 하셨습니다.

"니가 마음을 고쳐 먹고 해원 천도식을 올려준다니 고맙기 한량 없구나."라고 하시는 말씀도 들었습니다. 딸에 의하면 그날 어머니께서는 허겁지겁 음식을 드셨고 또 남은 음식을 전부 보자기에 싸시더랍니다. 지금까지 저는 부모가 죽어도 한낱 귀신이 될 뿐이라고 하여 섬기지 않았는데 무언가 크게 잘못되었다는 것을 깨닫게 되었습니다. 그 후, 딸의 인도로 도장에 방문하여 수호사님으로부터 상제님 진리를 공부하고, 『도전』을 읽었습니다. 『도전』의 신비스러운 말씀들을 읽으면서 많은 감동을 받았습니다. 그리하여 증산도에 입도를 하려고 마음을 먹게 되었습니다.

입도식을 올리게 된 소감은?

입도를 위해 21일 정성수행을 시작하는 첫날이었습니다. 105배 례 후에 태을주 수행을 하였습니다. 수행 중에 상제님 어진에서 사람의 혈관처럼 생긴 것들이 빨갛게 얽혀있는 것을 보는 체험을 하게 되었습니다. 둘째 날은 태을주 수행 중 뱀이 제 앞으로 기어오는데, 사람의 손이 나타나서는 뱀을 뒤집어 놓으니까 돌돌 말리는 것을 보았습니다. 셋째 날은 왼쪽에서 꺼부정한 남자 노인이 곁눈으로 날카롭게 저를 쳐다보면서 푹 고꾸라지는 모습을 보았습니다. 그리고는 수행 때마다 계속 그림자가 스쳐 지나가는 것을 여러 번 보았습니다.

어느 날은 천상의 어머니께서 오셔서 손에 무엇인가를 조몰락거리는 모습을 보았습니다. 바람이 들어올 곳이 없는데도 찬바람이 불어와 뒷머리를 스치고 지나가는데 진짜로 머리칼이 쭈뼛 서기도

하였습니다. 또 상제님 어진 앞에서 별빛이 반짝거리는 것을 보았습니다. 그제서야 딸의 신도체험 이야기가 깨달아지게 되었습니다. 그동안 알지 못했던 신도세계. 그동안 죽으면 천국 아니면 지옥에 간다고 알아왔는데 신도 세계를 가르쳐 주는 상제님 말씀은 너무도 신비로왔습니다. 저는 더 열심히 공부해서 영적으로 깨어 있으려면 마음도 닦고 수행도 많이 해서 허물을 벗어야겠다고 다짐했습니다. 제가 비록 나이가 많아도 포기하지 않고 상제님 일을 끝까지 하기로 굳게 마음을 먹고 입도를 할 결심을 하게 되었습니다. 직선조와 외선조의 천도식을 봉행하여 조상님들이 상제님 진리에 입도를 하실 수 있게 해드려서 자손으로써 기쁘기 그지없습니다. 제가 65년간의 선천종교 신앙을 과감하게 포기하고 상제님 진리에 입도할 수 있게 도와주신 조상 선령님의 음덕에 감사드리고 상제님 진리를 잘 깨달을 수 있도록 공부를 가르쳐 주신 수호사님께도 진심으로 감사를 드립니다. 끝으로 그동안 딸이 증산도 신앙을 하는 것에 탐탁지 않게 여기며 못마땅해 한 것에 미안한 마음을 전하면서 아울러 신도의 세계를 깨닫게 해주고 조상님을 모실 수 있도록 알려준 우리 딸에게도 고마운 마음을 전합니다. 상제님이시여! 태모님이시여! 태사부님이시여! 사부님이시여! 조상님이시여! 앞으로는 상제님 진리만 따르면서 사람을 살리는 일에 저의 남은 일생을 아낌없이 바치겠습니다. 보은! ◎

나의 신앙 증산도 시즌2(21회 최영례)

더 높은 차원의 대도진리를 만나

상생방송, 대천제, 대순진리회, 조상님

허옥자(54)

길림성 룡정현 / 중원소림 건강관리 대표
/ 144년 음8월 / 안산상록수도장

불행한 가족사

자연은 인간의 의지와는 상관없이 춘하추동 사계절을 끊임없이 반복 순환합니다. 그 속에서 인간은 선택의 권리도 제대로 행사하지 못하고, 주어진 환경과 부모 밑에서 생로병사의 틀 안에 갇혀서 살다가, 죽기 싫어도 죽어야 하는 어쩔 수 없는 삶을 살아야 합니다. 초등학교 나이의 어린 철부지 시절에 저는 시골 마을에서 살았습니다. 어느 비 오는 날, 부모형제가 일을 못나가고 낮잠을 자고 있었습니다. 죽은 듯 잠자는 모습을 보면서 '내가 죽으면 긴 세월을 저렇게 누워서 잠만 자야 하나?' 하고 많은 고민을 하였습니다.

제가 15살 때, 아버지는 높은 산 채석장에서 일하시다가 돌과 함께 산 아래로 굴러 떨어져서 불행하게 돌아가셨습니다. 그 후로 3녀 1남의 저희 가족은 끊임없는 가정불화로 되는 일 없이 침울하게 살았습니다. 23세 때 대학교를 졸업하고 엄마가 떠나가고 없는 고향집에 쓸쓸이 남아있던 시절, 외로운 마음에 의지할 남자친구를 만나서 상견례 하는 날이었습니다. 그날도 가족들끼리 소리 높여

싸움이 났고 결국엔 남자친구와 헤어졌습니다. 부모형제가 어떻게 나의 혼인에 찬물을 끼얹을 수 있는가? 도저히 이해할 수도, 납득할 수도 없는 일이었습니다.

'무엇 때문에 우리 집안에는 평안이 없고 불행만 있을까' 하고 고민하였습니다. 답답한 마음에 점쟁이를 찾아가니, 아버지 산소자리에 물이 차서 그러니 이장하라고 하였습니다. 24세의 어린 나이에 친척의 도움을 받아 산소를 옮겨드렸지만 별 소용이 없었습니다. 가족들을 화해시키려고 노력했지만 갈등은 갈수록 커졌습니다. 저의 결혼식 날에도 울고불고 야단이 나서, 쫓기듯이 결혼식을 치르고 울면서 친정집을 떠났습니다. 결혼생활도 외로웠습니다. 30대에 은행에서 회계업무 보는 좋은 직장에 다녔고 예쁜 딸도 키우면서 남부러워하는 아파트에 살면서 부족함이 없었건만, 저는 외로움에 빠져있었습니다.

새로운 전환점

1991년 저희 동네에 기氣수련을 하는 학교가 들어오면서 제 인생은 새로운 전환점을 맞았습니다. 어려서부터 잔병치레로 고생했는데, 32살 되는 해에는 급기야 좌골신경통으로 허리와 다리를 못 쓰고 누워 앉았습니다. 병원치료를 받아도 큰 효과가 없어 마냥 앓고 있던 중에 기공수련을 하게 된 것입니다. 첫날 기공수업이 끝날 무렵, 강사 분께서 단체로 병 치료를 해주었습니다. 기치료가 진행된 지 얼마 안 되어선, 아프던 허리와 다리가 굳어지고 움직일 수가 없었고 꼬집어 봐도 통증이 없었습니다. 그런데 기치료가 끝날 쯤, 저 하늘의 검은 구름이 바람에 밀려가는 것처럼 몸의 아픈 기운이 머리에서부터 발로 밀려나가는 느낌을 체험하였습니다. 30분의 기치료가 끝났을 때는 허리와 다리가 통증 없이 아주 좋았습니다. 놀랍고 믿기 어려운 체험이었습니다. 그날부터 기수련에 매료되었습니다. 기수련에 만족하지 않고 한 단계씩 더 깊이 파고 배우고 수련하여서 입도하고 본격적으로 기공의 진리를 탐구하였습니다. 힘들고 외롭고 쓸쓸하던 제 삶이 생기를 되찾았습니다.

하지만 그 후로 오대산 절의 부처님 불상을 바라볼 때도, 자비정사 초하루 법회날에서도, 강원도 수련도장에 참배 갈 때도 아무런 생각 없이 울곤 하였습니다. '나는 무엇 때문에 이렇게 하염없이 눈물을 흘리는 것인가' 하는 의문을 가졌습니다. 지금 이 글을 쓰면서 생각하건대, 만나야 할 참진리를 만나지 못해서 그동안 외롭고 쓸쓸하게 살아왔지 않았나 싶습니다.

꿈에 나타난 액자 속의 남자

체증과 두통증상으로 병원치료를 할 때 또는 술 마신 남편과 다투다 쪽잠을 잘 때면, 가끔씩 푸른색 바탕의 큰 사진액자 속의 멋진 남자분이 천정에서 말없이 지켜보다 가곤 했습니다. 기수련할 때여서 '스승님이 오셨나 아니면 조상님이 오셨나' 하고 궁금했습니다. 2006년 빚 때문에 경제적으로 힘들 때도 꿈속에서 액자 속의 그분이 오셨습니다. "네가 힘들고 어려운 걸 내가 다 알고 있다. 너를 도와줄 두 사람을 보낼 터이니 두 사람이 시키는 대로 하면 모든 것이 다 해결된다. 꼭 시키는 대로 해라."고 말씀을 했습니다. 주변을 둘러보니 금은보화와 지폐·동전이 방안에 가득했습니다. '이 돈이면 빚을 다 갚을 수 있겠구나!' 하고 좋아서 금은보화를 끌어안다가 꿈에서 깼습니다.

그러다 얼마 후 두 사람의 안내로 대순진리회를 만났습니다. 거기서 8년 동안 조상님의 뜻이라 여기고 함께했습니다. 가족에게 평안은 찾아왔습니다. 이 글을 쓰면서 마음은 아프지만 이렇게 웃으면서 이야기합니다. 주관이 분명하다 보니, 그쪽에 있으면서도 제 생각에 비추어 옳거나 타당치 못하다 싶으면 솔직히 터놓고 말하곤 했습니다. 이러는 저를 두고 그쪽 간부들이 너무도 힘들다고 했는데, 오히려 저는 그들의 행동거지가 이해되지 않았습니다. 윗분들 뜻대로 움직이지 않는 제 자신은 그들과 마음의 거리가 점점 멀어짐을 느꼈습니다.

조상님의 깊은 뜻을 받들어

그러던 중 남편의 소개로 STB상생방송을 보게 되었습니다. '아! 나는 대순진리회를 졸업하고 한 단계 더 높은 차원의 대도진리 증산도를 만나서, 더 큰 깨달음을 얻어야 한다!' 하고 생각했습니다. 이것은 배신이 아니라고 생각했습니다. 그래서 남편과 함께 대전에 가서 대천제에 참석하였습니다. 또 도장에 방문하여 진리공부를 시작하였으며, 마침내 증산도에서 입도치성을 올리게 되었습니다. 그 후로는 신기하게도 남편의 주정도 줄었습니다.

생각해 보건대, 부모님 조상님이 계시므로 오늘의 제가 있게 되었다고 봅니다. 조상님의 공덕이 큼으로 인해 제가 상제님의 대도진리를 만났고, 제 것으로 받아들일 수 있었다고 생각합니다. 딸 가진 부모로서, 조상님의 마음, 그 정성과 희망을 읽을 수 있었습니다. 태상종도사님께서는 "조상은 자손의 뿌리요, 자손은 조상의 숨구멍이다."라고 하셨습니다. 저는 복마의 발동을 이겨내고 피눈물 나는 생사의 고비를 넘기면서, 한결같은 마음으로 수행을 하는 가운데 많고 많은 것을 보고 느끼고 체험하였습니다. 제가 상제님 신앙을 함으로써 가족과 친지들의 불상사만 없앨 수 있다면 그 밖의 모든 어려움은 다 참고 견딜 수 있습니다. 여명 전에 캄캄칠야가 있는 법이고, 비 온 뒤에 칠색무지개가 빛나는 것처럼 지금 저의 처지가 다소 어렵고 힘들지만 조상님과 함께 수행에 최선을 다하겠습니다.

　참 하늘땅이신 상제님과 태모님, 일월의 대사부이신 태상종도사님과 종도사님의 가르침을 바르게 받들겠습니다. 증산도로 인도해 주신 조상님의 뜻을 바르게 받들어 이곳에서 '사람을 살리는 공부'에 최선을 다하겠습니다. 저 한사람의 노력으로 세세대대 내려오면서 살아오신 조상님들의 뜻을 이루고, 개벽기에 부모형제 모두 무탈할 수 있는 이 성스러운 공부를 천하에 펼치는 참된 일꾼이 되겠습니다. ◎

천부경을 공부하다
증산도 도장을 찾아가

천부경, 태을주, 상생방송

김순임(78)

경남 합천군 / 주부 / 146년 음9월 / 밀양도장

　1970년대 중반 저희 집은 공장을 경영하였는데 남부럽지 않게 생활하였지만 그래도 가슴 한가운데에는 진리 공부와 기도를 하고 싶은 생각이 많았습니다. 돌이켜 보건대 기도의 목적은 나 잘되고 가업이 흥하기를 바라는 마음과 자식들의 행복을 위한 것이었습니다. 지금 생각하면 정말 부끄럽기 짝이 없지만 그때는 그것이 전부였습니다.

　이후 1980년대 중반에 사업이 기울면서 1차 폐업하고 4년 후 재도전하여 성공하였으나 화재로 인하여 큰 손실을 보면서 2차 폐업을 하게 되었습니다. 이후 경남 밀양의 무안으로 이사를 한 후 전국의 사찰을 다니면서 기도와 수행을 하게 되었습니다. 천태종 구인사와 조계종 계열의 많은 사찰을 다녔지만 성에 차지 않았습니다. 이후 밀양 영남루 경내에 있는 '천진궁'에서 기도하면서 천부경을 공부하게 되었습니다. 그저 81자를 외우며 기도하였습니다. 매일 그렇게 정성을 들였습니다. 정말 단 하루도 빠지지 않고 그렇게 지극정성을 들였는데 더 이상 공부가 되지 않았습니다.

어느 날 지인이 태을주를 이야기했고 상생방송을 보게 되었습니다. 태을주를 찾기 위하여 금산사를 방문하였는데 자신들은 증산도와 관련이 없다고 하였고 저 또한 아니다 싶은 생각에 다시는 가지 않았습니다.

그 후로도 영남루 천진궁을 왕래하면서 천부경을 암송하였는데 왕래하는 길에 밀양시 삼문동에 증산도 도장이 있다는 것을 알게 되었습니다. 이에 용기를 내어 도장으로 전화를 하였고 지난 8월 25일 밀양도장을 방문하였습니다. 처음 방문하였을 때 너무나도 편안하였고, 여기가 내 평생 마지막이라는 생각이 들었습니다.

저는 부산에 살고 있는 지인 서무학 씨에게 "내가 먼저 증산도에 가서 좋으면 나중에 같이 가자."고 말한 적이 있습니다. 그래서 며칠 뒤 서무학 씨와 함께 밀양도장에 방문하였고 이창율 도생님으로부터 증산도에 대하여 간략하게 설명을 들었습니다. 이후 이창율 도생님과 함께 서무학 씨를 주거지와 가까운 부산덕천도장으로 인도하였습니다.

이제 상제님 진리에 입도하면서 마지막이라는 생각으로 어렵고 힘들지만 최선을 다해 공부할 것이며 나아가 저의 자식들도 함께할 수 있기를 간절히 기도드립니다. ◎

우주 변화의 근본정신, 생장염장

나는 생장염장(生長斂藏) 사의(四義)를
쓰나니 이것이 곧 무위이화(無爲以化)니라.
해와 달이 나의 명(命)을 받들어 운행하나니
하늘이 이치(理致)를 벗어나면 아
무엇도 있을 수 없느니라.
천지개벽(天地開闢)도 음양이 사시(四時)로
순환하는 이치를 따라 이루어지는 것이니
천지의 모든 이치가 역(易)에 들어 있느니라.

(증산도 道典 2:1)

우주의 변화 원리

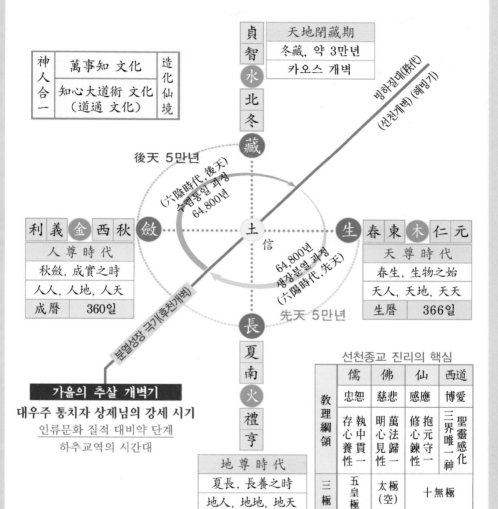

貞 智 水 北 冬 藏

天地閉藏期
冬藏, 약 3만년
카오스 개벽

| 神人合一 | 萬事知 文化 | 造化仙境 |
| | 知心大道術 文化
(道通 文化) | |

빙하질대(秩代)
(선천개벽) (해빙기)

後天 5만년

(六陰時代, 後天)
수렴통일 과정
64,800년

土 信

生 春 東 木 仁 元

天尊 時代
春生, 生物之始
天人, 天地, 天天
生曆 366일

利 義 金 西 秋 斂

人尊時代
秋斂, 成實之時
人人, 人地, 人天
成曆 360일

64,800년
생장분열 과정
(六陽時代, 先天)

先天 5만년

분열성장 극기(후천개벽)

長 夏 南 火 禮 亨

가을의 추살 개벽기
대우주 통치자 상제님의 강세 시기
인류문화 질적 대비약 단계
하추교역의 시간대

地尊 時代
夏長, 長養之時
地人, 地地, 地天
長曆 365¼일

선천종교 진리의 핵심

		儒	佛	仙	西道
教理綱領		忠恕	慈悲	感應	博愛
		存心養性 執中貫一	明心見性 萬法歸一	修心鍊性 抱元守一	三界唯一神 聖靈感化
三極		五皇極	太極 (空)	十無極	
主體性		三綱五倫	三戒五寶	三淸五行	十戒
目的		大同	極樂	太淸	天國

PART 5

가족은
나의 생명

" 자손이라는 것은 조상이
호흡하는 숨구멍이다! 천년 고
목이라도 수냉이 하나 살아 있으
면 그놈이 성장을 해서 다시 생
을 찾듯이, 사람도 자손이 하나
라도 살면 그 시조 할아버지까지
도 산다. 눈이 외짝이든, 등이 안
팎곱추이든, 팔다리가 없든, 어
쨌든 사람 노릇할 수 있는, 남녀
간에 관계를 맺어서 자식을 전할
수 있는 정도의 자손이 하나라도
살면, 그 수많은 수백 대의 조상
신이 신도神道 세계에서 살아남
는 것이다. "

– 안운산 태상종도사님 말씀

어떤 조상의 자손이 살아남는가 (8분 58초)

"나는 조상님 모시고 살겠다!"

최명엽(72)

전남 신안군 / 주부 / 145년 음12월 / 목포옥암도장

저는 해방둥이(1945)이며 장녀로 태어나 배우지를 못했습니다. 겨우 혼자 한글을 깨쳐 읽을 정도입니다. 남편과 옷 가게를 운영하며 자녀들을 가르치고 양육하였습니다. 남편은 자유분방한 성격이며 호기심이 많은 편입니다.

언제부터인가 상생방송을 보더니 증산도 도장에 다닌다며 저보고도 배울 것이 많으니 상생방송을 보라고 권하였습니다. 처음에는 몇 번 보다가 남편의 강압이 느껴져 거부를 하며 오히려 멀리하였습니다.

남편이 이상한 데 빠졌다며 염려하는 말들이 주위로부터 들려왔습니다. 자녀들도 인터넷을 보고 아버지의 신앙을 반대하였습니다. 하지만 남편은 옳다고 여기면 하는 성격이라 어쩌지도 못하고 있는데, 하루는 "남들이 사이비라 의심하니 한번 와서 보아라. 보면 내가 다니는 곳을 알 수 있을 것이다. 말로 하면 거짓말이라 하니 구경도 할 겸 가보자."고 하였습니다. "내가 무엇을 하는지, 어떤 곳인지 직접 가서 보면 알 것이므로 본부가 있는 대전에 가자."고 하였습니다. 저도 마침 궁금하였고 옳지 못하면 말릴 생각으로 본부 태을궁에 따라갔습니다. 이제 알고 보니 대천제가 있던 날이었습니다. 태을궁에서 상제님 태모님과 조상님을 모시며 음식을 차려놓는 것이 의미가 있고 좋았습니다.

지금까지 자녀들이 교회에 가자고 해도 "나는 조상님 모시고 살겠다."며 버티고 안 간 저였습니다. 남편이 다니는 증산도가 조상님을 받드는 곳이라는 것을 알고서는 마음이 놓이고 저도 다니고 싶은 마음이 생겼습니다.

그 후로 목포도장에 종도사님이 오셨을 때 두 번 참석하였는데 몇 시간이고 앉아서 말씀하시는 모습이 놀라웠습니다. 그리고 상생방송을 자주 보게 되었습니다. 상생방송을 며칠 시청하다 보니 '이것이 맞구나' 하는 생각이 들었습니다.

저는 3년 전 봄에 무릎 관절 수술을 받았습니다. 무릎을 완전히 굽히지 못하고 의자에서 생활하는데 도장에서는 앉아 있어야 하고 절을 해야 하기 때문에 도장에 나가는 것이 망설여졌습니다. 그러던 차에 도장의 김 수석포감님이 저희 집에 오셔서 천도식 이야기를 하며 이제 새해도 되었으니 도장에 나가자고 하여 저도 더는 미룰 수가 없어서 나오게 되었습니다.

도장에서 21일 정성수행을 하면서 여러 가지 체험을 하게 되었고 더욱 믿음과 확신이 생겼습니다. 수요치성에 참석하여 도공을 하는데 오른쪽 귀 뒤쪽에서부터 지네(기운)가 기어 다니는 것 같은 느낌이 들었고 머리 정수리에 멈추어 한참을 있다가 도공이 끝나고 눈을 뜨니 눈앞이 환하게 밝아지고 기분이 최고로 좋았습니다.

제가 오른쪽 귀 뒤쪽에서부터 머리 부분에 걸쳐 혈관이 막혔다 트였다 하는 증상으로 치료를 받고 있었습니다. 21일 정성수행 기간에 병원 검사를 받았는데 저는 검사 결과에 대해서 아무 염려나 걱정이 없었고 좋은 결과가 나올 거라는 자신감이 있었습니다.

역시나 검사 결과는 아무 이상이 없었습니다. 도공으로 혈관의 상태가 좋아졌다는 확신이 들었습니다.

도장에서 교육 시간에 반드시 청수를 모셔야 한다며 청수 모시는 방법을 가르쳐주었습니다. 집에 돌아가서 어서 청수를 모셔야 한다는 조급한 마음으로 부랴부랴 청수를 모셨습니다. 처음 청수를 모시던 날 밤 꿈에 키가 큰 할머니 한 분이 방으로 들어오셨습니다. 저는 다짜고짜 "할머니 어찌 혼자 오셨어요? 할아버지는 왜 안 오시고?" 라고 물었더니, "할아버지 밖에 계신다."고 답을 하셨고, 그러자 할아버지도 방으로 들어오셨습니다. 밖으로 나가보니 집 앞에 환하게 남포등을 달아 두셨고 가마솥에는 물이 없어 빨갛게 달아올라 있기에 제가 물을 가득 채웠습니다. 그러고서 꿈을 깼습니다. 시어머니가 키가 크셨는데 할머니는 시어머니셨고 할아버지는 시아버지라는 생각이 들었습니다. 요즘 날씨도 춥고 눈도 많이 내려 미끄럽지만 싫은 마음이 없고 수행하고 공부하는 재미에 도장에 오고 가는 것이 기분 좋습니다. 도장에 오기를 잘했다고 생각합니다.

저는 "상제님 태모님! 우리 조상님을 입도(천도식)시켜주시고 해원시켜주시고, 제가 말문이 트여지게 해주시고, 자식들이 상제님께 돌아오게 해주십시오."라고 기도를 올립니다. 자손들이 상제님을 믿도록 항상 기도하며 신앙하겠습니다. 입도하도록 도와주신 수석 포감님과 수행을 도와준 모든 성도님들께 감사드립니다. ◎

"걱정 마라,
모든 것이 잘 해결될 거다"

가족, 진리교육, 태을주수행

정원제(25)

경북 경주시 / 배달업 / 146년 음1월 / 경주노서도장

저는 어머니로부터 증산도 진리를 전해 들었습니다. 어머니께서 증산도 진리를 말씀하셨을 때 처음에는 사이비에 빠져 있다는 생각이 들었습니다. 어머니의 진리적인 설명이 부족하기도 했지만 기독교나 불교같이 이름이 잘 알려져 있지도 않았고, 우주 1년이나 개벽 관련 설명을 들었을 때는 잘 믿어지지가 않았습니다. 저는 어머니께 그만 다니시는 게 좋겠다고 말씀을 드렸습니다. 어머니께서 태을주를 읽으면 건강도 좋아질 뿐 아니라 모든 일들이 잘된다고 하시는 말씀들이 더욱 사이비 단체라는 생각이 들게 하였습니다. 하지만 어머니께서는 저를 포기하지 않으시고 꾸준히 기도하시면서 '한 번만 도장을 가보자, 도장에 가서 포정님과 이야기를 한 번만 해보자, 도장에서 7일만 태을주 수행을 해보자!' 등의 말씀을 하셨습니다. 또 스스로 체험해보고 교육도 받아보고

그때 가서도 확신이 안 들면 안 해도 된다고 하시며 저를 설득하셨습니다. 그래서 도장에 간다고 약속을 했지만 가기 싫은 마음이 많아서 차일 피일 미루게 되었습니다.

하지만 어머니와 약속을 했기 때문에 속는 셈 치고 며칠 나가보기로 결심을 했습니다.

처음에 교육을 들을 때나 태을주 수행을 할 때 마음을 열지 않고 시간만 지나가기를 바라는 마음이 커서 교육에 집중이 안되었습니다. 제가 교육과 수행에 집중을 잘하지 못하는 것 같았는지 포정님께서는 이왕 시간을 내어서 도장에 와서 수행을 하고 교육도 받는데 형식적으로 참여하지 말고 조금 더 힘내서 보람된 시간이 될 수 있도록 애써 달라는 말씀을 하셨습니다.

"증산도에서 말하는 것들이 정말 거짓이라면 아무렇게 해도 상관 없지만 증산도 진리가 참진리라면 우리가 제대로 알고 개벽을 대비해야 할 것 아니냐. 그러니 교육에도 집중하면서 궁금한 것은 언제든지 물어보고 수행을 할 때도 주문소리에만 집중을 해보자."는 말씀에 조금씩 마음을 담아 공부와 수행에 참여하게 되었습니다. 제가 공부하는 것을 싫어하는 편이라 수행을 중심으로 하고 교육은 이야기식으로 조금씩 말씀을 나누게 되었습니다. 그런데 평소 제 성격이 다혈질로 화를 잘 못 참고 남과 말다툼을 잘 하는 편인데 이상하게 제가 성격이 차분해지고 화내는 일도 줄어들었다는 느낌이 들었습니다. 그래서 '태을주 주문수행이 사람의 성격도 변하게 하는구나!' 하는 생각을 가지게 되었습니다. 태을주 수행의 효과에 대해 마음이 열리면서 정식으로 입도 교육을 받아보기로 하였습니다.

그런데 교통사고가 나버렸습니다. 그날 어머니께서 꿈자리가 안 좋으니 태을주 읽으며 운전을 조심하고 친구들을 만나더라도 술을 먹지 말라고 하셨는데, 친구들 만나서 얘기하다보니 술도 몇 잔을 하게 되었습니다. 그래도 평소 먹는 주량보다 많이 안 먹어서 충분히 집에 갈 수 있다는 생각으로 운전대를 잡았습니다. 그런데 술기운이 올라오고 졸음이 겹치면서 길가에 주차하고 있는 큰 화물차를 추돌하는 사고가 생겼습니다. 제 차가 큰 차 밑으로 들어가면서 많이 부서지고 충격이 커서 그런지 제 몸도 잘 움직여지지 않았습니다. 저는 '내가 이렇게 죽는구나' 하는 생각이 들어 어머니께 전화를 해서 평소에 불효한 게 많아서 죄송하다는 말씀을 드렸습니다. 눈물이 쏟아져 울음이 그치지 않았습니다. 저는 정확히 기억을 못하지만 어머니께서는 "걱정하지 마라 모든 것이 잘 해결될 거다." 하시며 울음을 그치지 않는 제게 전화기에 대고 태을주를 읽어주셨고, 그러자 바로 제가 울음을 그쳤다고 친구들이 말해주었습니다. 저는 태을주의 위력을 다시 한번 느끼게 되었습니다.

자동차는 수리비가 1천만 원 정도 나오는 큰 사고였지만 저는 한쪽 다리만 조금 다치는 사고로 그치게 되었습니다. 어머니께서 늘 저를 위해 기도해주시는 덕분이라는 걸 느낍니다. 병원에서는 제가 정상적으로 보름 정도 입원해 있어야 된다고 하였습니다. 어머니께서 병원에서 태을주를 읽어주시기도 하고 저도 병원에 있는 것이 너무 답답해서 빨리 나가고 싶어 태을주를 읽었습니다. 그 덕분에 2, 3일 만에 목발 짚고 걷는 것이 가능해지고 예정일보다 빨리 퇴원을 하게 되었습니다.

자동차 사고를 당하고 보니 어머니께 죄송한 마음도 많이 들고 증산도 진리공부도 제대로 해야겠다는 생각도 들었습니다. 하지만 직장을 다른 곳으로 옮기게 되어 회사 업무도 배우고 잔업도 많아지면서 제 생각과 달리 시간이 내어 공부를 많이 하지 못하였습니다. 하지만 회사를 출퇴근하면서 늘 태을주를 읽었습니다. 일주일에 하루, 이틀 정도 교육을 받았지만 교육을 받아볼수록 합리적이고 과학적이며 증산도에서 말하는 내용들이 믿어지기 시작했습니다. 증산도 진리를 많은 사람들이 알아야겠구나 하는 생각이 들었습니다. 그간 어머니께 속을 많이 썩혀드린 아들이지만 앞으로 상제님 신앙을 잘해서 보은하는 자식이 되어야겠다는 생각을 합니다. 또 우리 가족 모두가 상제님 신앙을 통해 건강하고 행복한 가정이 될 수 있도록 노력하겠다는 다짐을 합니다. 보은! ◎

울음을 그치지 않는 제게 어머니께서
전화기에 대고 태을주를 읽어주셨고,
그러자 바로 제가 울음을 그쳤다고
친구들이 말해주었습니다.
저는 태을주의 위력을
다시 한번 느끼게 되었습니다.

조상님들의 공덕으로
하루하루 뜨거운 감동이

가족, 조상님, 정성수행, 신도체험

성경숙(56)

강원도 춘천시 / 요양보호사 / 146년 음4월
/ 서울잠실도장

조상님과 관련된 꿈들

저는 50여 년을 무교로 살아왔습니다. 친정이 불교라서 사월 초파일에 몇 번 절에 가고는 했지만 너무나 세속적으로 변해 있는 현대 종교인들의 모습이 실망스러워서인지 종교라는 것이 제 마음속에 크게 다가오지는 않았습니다.

그러던 중 삶이 고단할 때에 누군가 하나님을 만나려면 교회를 가야 한다고 했던 말이 불현듯 생각나서 평소 저를 전도하려 했던 지인에게 교회를 가보겠다고 말하고 큰 기대 없이 교회에 나가게 되었습니다. 처음 간 날 종교를 전혀 모르던 제가 이상하리만큼 하나님을 찾고자하는 마음이 가슴 속에서 간절하고 강력하게 느껴져 하염없이 눈물이 났고 그날로부터 1년 동안 집에서 버스를 4번이나 갈아타야 하는 거리를 힘든 줄도 모르고 나갔습니다.

그런데 정작 여호와와 예수님에 대해 알면 알수록 이건 아니라는 생각이 들면서 목사님 말씀이 어떤 힘에 의해 제 머리 밖으로 튕겨져 나가는 느낌을 받았습니다. 또 어째서인지 '예수님의 이름으로 기도 드렸습니다'라고 시키는데도 끝까지 예수님이라는 말이 입 밖에 나오질 않고 '아버지하나님'이라고 부르라고 시키는데도 '하나님 아버지'라고만 말이 나와 이유를 물었지만 모두 하나님에게는 아버지가 없다며 그러면 안 된다고만 했지 답해주지 못했습니다. 이 시기에 저는 잠을 자면 임신한 크고 누런 소가 절벽 아래로 떨어지게 생겨 발버둥 치는 꿈, 텅 빈 소 여물통 등의 조상님과 관련된 꿈, 속리산 미륵불이 나오는 꿈 등을 꾸었고, 현실에서는 거실에 흰 옷을 입고 계신 분이 보이곤 했습니다.

개벽기 구원의 참뜻

그러던 어느 날 예배를 끝내고 일어서는데 갑자기 '내가 여기 왜 와 있지..?'라는 생각이 들면서, 교회에 나와서 기도하는 제 모습이 바보짓을 하는 것 같았습니다. 또한 일반인들보다 못한 교인들의 세속적인 모습에 혼란스러워졌고 하나님을 찾아야 했기에 정직한 교회를 찾아서 또 1년을 경기도와 서울 일대 교회를 돌아다녔습니다.

그때 증산도를 신앙하고 있던 딸이 "교회는 그만 나가고 성경책을 공부하는 성경 대학을 다니면서 상제님 말씀과 비교 분석해서 어떤 분이 참하나님인지 알아보자"고 제안했습니다. 딸은 증산도가 우리나라의 올바른 역사를 알려주고 그 중심에 우리 조상이 대대로 믿어왔던 조화주 상제님이 계심을 알려준다고 했습니다. 또 지금이 하추교역기의 중대한 시점이고 지금 이때에 참하나님을 만날 수 있는 길은 오직 증산도뿐이라고 말해 주었습니다.

반면 『성서의 뿌리』 책에 적혀 있는 성경 내용은 그동안 교회에서 한 번도 들을 수 없던 참으로 믿기 힘든 잔인한 여호와의 모습들이 적혀 있어 큰 충격을 받았습니다. 성경 대학에서 청강한 내용에 대해 딸은 그 내용 중에 왜곡된 것들이 많다며 요한계시록의 구원이 살아있는 하나님의 인을 가지고 오는 동방의 흰 무리에게 있다는 것, 그러면서도 인을 왜 이마에 찍어 살려내는지 모르고 있는 것, 우리 조상들은 대대로 반천무지법이라 해서 인당에 손을 모아 읍배를 올리며 증산도에서는 개벽기에 사람을 살리기 위해 준비를 하고 있다는 사실, 목사들이 성경을 자신들의 생각으로 해석해서 원 내용과 많이 벗어나 오히려 하나님을 찾기 어렵게 되었다는 것 등을 하나하나 비교해 주었습니다.

그렇게 상제님 말씀을 전해 듣다 보니 교회에서 말하는 여호와 하나님은 이스라엘 지방신이고 참하나님은 예수 석가 공자를 비롯한 모든 성자들이 말해왔던 조화주 하나님이신 상제님이라는 것을 깨달았습니다. 그리고 애초에 2016년 7월까지 계획하고 있었던 성경공부는 2개월 만에 중도하차하고 올 초 설날 아침 눈을 뜨자마자 이제부터는 상제님을 신앙하리라! 마음을 굳혔습니다. 딸은 제사를 지내면서 태을주 주문수행을 했고 저는 제사를 마치고 설거지를 하면서 '이제부터는 태을주 수행을 하자!'고 마음먹고 21일 정성수행에 들어갔습니다.

그리고 딸과 함께 증산도 잠실도장과 선릉역 '더모임' 강좌에 가서 청강하며 세상 모든 생명체가 우주의 시간대 속에서 성장하기 위해 살아가고 있다는 것을 알았고, 필연적 원한에 의해 상극의 분열하는 세상이 초래할 수밖에 없는 현실이나 현대과학이 이제야 알아낸 우주법칙이 『환단고기』라는 고서에 이미 기록 되었다는 것 등등의 방대한 시청각 자료를 통해 더욱 쉽고 흥미롭게 자세한 이야기를 들을 수 있었습니다.

100일 정성수행에 들어가

잠실도장에서 수행을 하면 마음이 가벼워지고 수행하는 날이 더

해 가면 갈수록 날로 몸이 건강해졌습니다. 이전에 교회에 갈 때는 꿈에 황량하고 좁은 겨울길이 보였지만 증산도를 만나고 나서는 새로 만들어 깨끗하고 뻥 뚫려 있는 큰 도로가 나 있는 걸 보았고, 돌아가신 아버지가 큰 가마솥에 소 여물을 가득 담고서 끓이기 위해 성냥불을 켜고 준비하고 계시는 꿈 등을 꾸었습니다. 어느 늦은 밤에는 수행을 마치고 집에 돌아와 쉬고 있는데, 교회 다닐 때는 비어 있던 소 여물통에 숟가락 수십 개와 밥풀이 함께 담겨져 소가 먹고 있는 모습과 집안으로 아주 맑은 물이 흐르면서 도적부로 짐작되는 종이가 물에 떠내려오는 모습이 눈앞에 현실로 보였습니다.

상제님 진리와 조상님 공덕의 중요성을 느끼고 나서 행법의 시간대로 들어가 태을주로 포교하라는 종도사님의 말씀을 받들어 일할 때나 밥 먹을 때, 잠자기 전후로 늘 태을주 수행을 하고 있습니다. 그리고 수호사님의 권유로 입도를 마음먹게 되었고, 100일 정성수행 공부에 들어가 100일째 되는 5월 22일에 입도를 하였습니다. 사람 살리는 이 중요한 일을 가족에게 가장 먼저 알려야겠다는 생각이 들어 친언니에게 태을주를 알려주었고 오빠에게 『환단고기』책을 전하려고 합니다.

드디어 참하나님을 찾아 하루하루에 감사하며 진실로 가슴 뜨겁게 감동이 밀려오고는 합니다. 조상님들의 공덕이 있었기에 여기까지 올 수 있었습니다. 상제님, 태모님, 태사부님, 사부님, 조상선령님, 잠실도장 수호사님과 포정님, 포감님, 성도님들의 정성에 감사드리며 천지에 맹세하여 사람 많이 살리는 일심 신앙인이 되어 보답하겠습니다. 보은. ◎

쓰러진 지 15일 지난
아들이 깨어나

가족, 태을주, 기적

표만열(71)

충남 당진군 / 경비 / 146년 음4월 / 서울은평도장

 2016년 5월 4일 딸에게서 전화가 왔습니다. 아들이 회사에서 쓰러져 응급실에 있다는 겁니다. 18분의 심心정지가 있었고 저체온 치료를 바로 시작해 뇌 손상을 막아보자 하였습니다. 어떤 결과도 예측할 수 없다는 의사의 말에 너무나 충격이 커 아내와 저는 그저 눈물만 흘리고 있을 뿐이었습니다.

 뇌파검사까지 좋지 않게 나와 더욱 희망이 사라져갈 때 증산도를 다니던 큰딸이 도장에 가서 제물치성을 하자고 하였습니다. 지푸라기라도 잡는 심정으로 아내와 저, 큰딸과 작은딸은 도장으로 가서 열심히 기도를 하였습니다.

 태을주를 읽는 동안 불안했던 마음이 조금 안정이 되었습니다. 다행히 뇌사는 아니라는 의사의 말에 희망을 갖고 큰딸과 함께 여러 번의 치성을 도장에서 올리며 아들이 깨어날 수 있기를 기도드렸습니다.

 큰딸이 알려준 대로 태을주와 운장주를 읽어가며 돌아가신 부모님과 조상님, 상제님, 태모님께 기도하던 중 우연히 꿈을 꾸었습니

다. 꿈속에서 "기적이 일어난다. 이번 주나 다음 주에 깨어날 거다." 라고 어떤 의사가 여러 번 말을 하는 것이었습니다.

큰딸에게 말하니 곧 깨어날 거 같다며 더욱 열심히 태을주를 읽으라 하였고 좀 더 집중하여 태을주를 읽었습니다. 아들을 살리는 방법은 태을주밖에 없다는 확신이 들었습니다. 아들이 깨어나기만 한다면 증산도에 입도하여 아들에게 더 힘이 되어주고 싶었습니다.

그 다음 날 병원에 가니 기적적으로 아들이 눈을 뜨는 것이었습니다. 병원에서도 기적이라 하였습니다. 쓰러진 지 15일이 되는 날이었습니다. 정말 그 놀라움과 기쁨은 뭐라 표현할 수가 없었습니다. 더욱 열심히 아들을 위해 태을주를 읽어 주었고 많은 호전이 있었습니다.

아직도 정상생활을 위해서는 가야 할 길이 멀지만 꼭 회복하여 정상적인 생활을 할 수 있다는 확신이 들었습니다. 큰딸이 아들에게 큰 힘이 되어줄 조상님 천도식과 입도식을 권했고 입도를 해야겠다고 결심을 했습니다. 아직은 진리를 잘 알지는 못하지만 아들을 살려준 태을주를 믿고 열심히 신앙할 수 있도록 하겠습니다. ◎

열매로 만들기 위한
조상님의 프로그램

인생의 목적, 상생방송, 진리공부, 새벽수행

노금재(48)

울산 울산군 / 일용직 / 146년 음5월 / 울산옥현도장

누구나 인생을 살다보면 뜻하지 않게 여러 가지 문제로 삶에 대한 회의를 느끼고 과연 인생의 목적이 무엇인지 또는 인생이란 어디에서 왔다가 과연 어디로 가는 것인지 하는 의문을 갖게 됩니다. 돌파구를 찾기 위해 시중에 나와 있는 여러 가지 철학서적과 성현들의 가르침 속에서 자기도 모르게 관심분야를 찾게 마련입니다. 저 또한 여러 과정과 너무나 많은 시간을 통해 결국 증산도 옥현도장에 입도하게 되었습니다.

입도 과정을 짧은 수기로 표현하려니 저 자신의 지난 49년 세월을 돌이켜보게 되면서 저절로 눈물이 흘러내립니다. 세상 살면서 온실 속의 화초가 아니라, 모진 풍파와 고뇌, 갈등과 눈바람을 맞고 자란 들에 핀 작은 꽃이 아닌가 싶습니다.

저는 어려서부터 혼자 있기를 좋아했습니다. 자연과 대화하기를 좋아했고 자연과 함께 늘 생활했습니다. 또 늘 어떤 생각에 잠겨 생활했습니다. 생활 자체가 스님이나 마찬가지였던 것 같습니다. 고교만 졸업하고 절에 들어가 스님 되려고 마음먹고 있었지만 스님은

되지 못했습니다. 왜 그랬을까요? 어려서부터 세상 살아가는 데 적응을 못할 것 같다는 생각을 많이 했습니다. 2남 1녀 중 장남으로 태어난 저는 어린 시절에도 세상살이는 재미가 없었습니다. 아버지는 2급 청각 장애를 갖고 계셨고 제가 중2때 엄마와 이혼하셨습니다. 그때 남동생은 초등학교 5학년이었습니다.

'너희 아버지는 벙어리'라고 하는 친구들의 놀림을 너무 많이 받았습니다. 그런 친구들이 싫었습니다. 왜 우리 집만 이렇게 살아야 되나? 남들처럼 가족과 대화하고 웃으면서 살 수 없는지….

아버지와 대화를 하고 싶어도 수화를 배울 곳이 없었습니다. 왜 남들처럼 정상으로 태어나지 못하셨는지 말입니다. 아버지는 일밖에 모르시는 분이었습니다. 새벽같이 일어나 밭이나 논에 나가 일하시고 저녁 늦게 돌아오셔서 밥도 손수 지어 드셨습니다. 홀로 농사지어 3남매를 키우셨던 아버지가 얼마나 힘드셨을지 지금 생각하면 너무나 감사한 일인데 왜 그리 원망스러운 마음만 먹었던지.

아버지는 호강 한 번 못해 보시고 병으로 돌아가셨습니다. 그래서였는지 삶에 대해, 인생에 대해 너무나 많은 생각을 했습니다. 초등학교 다닐 때는 늘 혼자 생각에 잠겨 있었습니다. 인생이 너무 허무하다는 생각을 많이 했습니다. 지금 돌이켜보면 모든 것이 조상님들의 가르침 속에 마지막 개벽기 때 열매로 남기기 위한 프로그램의 일부분이 아닌가 하는 생각을 깊이 해봅니다.

증산도를 시작하기 전에 여러 곳을 다녔습니다. 김정빈의 『단丹』(80년대 중반)이란 책을 읽고 단전호흡을 통해 깨달음을 갈구했었고, 단학선원 및 절(칠성각)에서 불공도 드려보고, 불교 공부를 했지만 더 이상의 깨달음은 얻지 못했습니다. 결국 불교에서 말하는 윤회설이 너무 싫어 절을 나와 신천지 교회를 다니며 3년 동안 공부를 했습니다. 하지만 신천지 교리가 너무 맞지 않아 또 다른 교회에서

3년을 더 공부하며 신학원을 졸업했습니다. 하지만 마음속에 풀리지 않는 뭔가는 항상 저를 답답하게 했습니다.

그러던 어느 날 우연히 상생방송을 보았습니다. 뭔가 있구나 하는 생각이 들어서 자꾸 TV를 보게 되었고 문득 4~5년 전 울산옥현도장에서 신앙하고 계신 집안 형님이 태화다리 위에서 행사가 있던 날 제게 『천지성공』이라는 책을 전달해 주었던 기억이 떠올랐습니다.

그때 부터 방송을 자세히 보게 되었습니다. 그때는 형님이 보내는 문자 내용이 귀찮아서 스팸처리를 해버렸습니다. 최근에 우연히 형님에게서 카톡이 들어왔고 다시 형님을 만나 울산옥현도장을 방문하여 8관법을 시작으로 증산도 공부를 하게 되었습니다.

진리공부를 할 때마다 어린 시절부터 공부하던 모든 내용이 여기에 다 들어 있고 정말 하고 싶어 했던 진리공부가 여기에 있구나! 하는 생각이 들었습니다. 그리고 항상 꾸던 꿈의 내용이 전부 조상 선령들께서 가르쳐 주신다는 걸 알게 되어 너무나 기뻤습니다.

그동안 교회생활 12년 동안 조상을 모시지 않고 생활해온 제 자신이 너무나 밉고 여러 선령님께 너무나 죄송하다는 마음이 들었습니다. 세상 어떤 일을 해도 조상을 모르면 풀리지 않는 것을 알게 되었습니다. 쓸 만한 자손을 얻으려고 선조께서 30년, 60년을 빌어도 타내기가 어렵다는 것을 알게 되었습니다. 그 정성에 너무 감사하고 조상의 소중함을 알게 되었습니다.

저를 위해 정한수로 기도를 올렸다는 것을 알게 되었습니다. 정말 조상님께서 함께하신다는 것을 새삼 느낍니다. 지금은 힘들어도 새벽수행에 계속 정진해 나갈 것입니다. 조석으로 봉청수를 하고 조상님께 누가 되지 않도록 최선을 다하겠습니다. 죽어가는 생명을 한 명이라도 더 살리겠다는 마음으로 최선을 다하겠습니다. 여러 가지로 도와주신 옥현도장 가족 여러분들께 깊은 감사를 드립니다. 보은! ◎

상제님 신앙인으로
가족이 다시 뭉치다

가족, 상제님 신앙, 태을주, 상생방송

이정희(55)

전북 익산시 / 주부 / 144년 윤9월 / 익산신동도장

상제님 신앙을 하셨던 부모님

저는 익산에서 7남매 중 넷째로 태어났습니다. 아버지께서는 아들이기를 바라셨지만 넷째인 저까지 딸로 태어나자 실망이 무척이나 크셨습니다. 삼일 동안 아예 집에 들어오지 않았다는 말씀을 귀가 따갑도록 들으며 자랐습니다. 해서 늘 가슴이 텅 빈 것 같은 허전함과 여자라는 한계에 부딪혀 무엇이든 자신 있게 할 수 없다는 주름 속에 갇혀 살아왔습니다. 다행히 다섯째는 아들이었고 뒤로 아들 둘을 더 낳으셨습니다. 저는 어려서부터 무엇이든 다 잘하고 세상을 한 손에 쥘 수 있는 기개도 품었으나, 무엇인가 걸린 듯 그저 마음속으로만 묵묵히 삭히고 살았습니다. 어릴 때 물가에서 놀다가 무려 다섯 번이나 죽을 고비도 넘기면서 죽음에 대해서도 일찍 눈을 떴습니다.

초등학교 4학년 때는 크리스마스에 과자 등을 선물로 주니까 호기심에 교회에 일년 정도 열심히 다녔습니다. 그러나 아이들은 물론 선생님들조차 저에게 무관심해서 외톨이가 돼버렸습니다. 해서

학생예배 대신 어른예배에 참석하였는데 목사님 설교가 왜 그렇게 감동적인지 눈물을 흘렸습니다. '내게 있는 모든 것을 주께 드리자'며 당시 50원을 헌금했습니다. 교회에서 집까지는 논두렁과 밭두렁을 지나야 하는 매우 먼 거리였음에도 항상 감사함과 행복한 마음으로 다니며 살았습니다.

중학교 1학년 때 당시 전주에 거주하시는 도인 할아버지가 저희 집에 자주 왕래하셨습니다. 제 부모님께서는 그 도인을 스승으로 모시고 집에서 천주님(증산 상제님) 치성을 모셨습니다. 아버지께서는 집에서 늘 시천주주(강령주 포함)와 태을주 등의 주문을 읽으셨기에 제 귓가에는 항상 주문이 맴돌았습니다.

그런데도 그저 부모님이 하시는 거니까 그러려니 하면서 별 관심을 두지 않았습니다. 아버지가 항상 하시는 말씀에 "석가, 예수, 공자도 다 우리와 같은 사람이다. 그분들도 천주님께 기도드리고 명을 받아서 인간으로 와서 도를 닦고 만천하에 하나님, 부처님을 세상에 널리 알리셨다. 그분들보다 더 높으신 단 한분을 이르는 호칭을 우리는 천주님(증산 상제님)이라고 부른다."고 하셨습니다. 어머니는 태을주를 읽어주시면서 "정희야, 이 주문을 읽으면 물에 들어가도 죽지 않는다. 천주님께서 우리 자손들을 잘 지켜주신다."는 말씀을 자주 하셨는데, 그때마다 대답만 하고 대강 흘려듣고 말았습니다. 하늘에 떠 있는 별 중에서 가장 크고 빛나는 별이 천주님별이라는 말씀도 해주셨는데, 이것만은 잊지 않고 항상 상기하며 살아왔습니다. 이렇게 초등학교를 지나고 중학교 시절 부모님이 상제님 신앙을 하시는 것을 계기로 더 이상 교회에 나가지 않게 됐습니다.

어린시절에 목격한 신이한 광경

하루는 선생님(도인 할아버지)이 저희 집에 오셔서 동네 10여 분의 어른들과 제祭를 올리셨습니다. 제수를 준비하는 중에는 음식의 간도 보지 않고 천주님께 올린다 하여 정갈하고 깨끗하게 정성과 공양을 올리셨습니다. 또 중학교 3학년 때의 일입니다. 선생님이 화요일과 수요일에는 저희 집에 머무셨는데, 목요일 아침에 씻으시다 말고 담벼락에 난 구멍으로 이웃집을 보면서 저희 어머니께 "저집에 큰일이 났네." 하셨습니다. 그러면서 옆집으로 향하시더니 들어가지는 않고 대문 앞에서 왔다 갔다 하시며 거듭 걱정하시는 것이었습니다. 시커먼 그림자가 이웃집을 맴돌고 있다고. 저는 이웃은 교회 다니는 사람들이니 선생님 하시는 말씀을 미신이라 무시하고 타박할 것이라며 이웃집 가는 것을 말렸습니다. 그 일이 있은 다음날, 이웃집 아들이 저수지에서 수영을 하다가 익사하는 일이 벌어졌습니다.

하루는 하교 후 집에 와서 집안청소를 하고 있었습니다. 마당도 쓸고, 큰 방, 대청마루, 작은 방, 천주님 청수 올리는 방 등 집안 곳곳을 반짝반짝하게 청소하였습니다. 그러고선 마루에 누워 잠깐 잠이 들었습니다. 그런데… 북쪽하늘로부터 집 마당으로 위엄이 있는, 수염이 긴 어른들을 비롯해서 남녀노소의 다양한 연령대의 모습을 한 천사들이 금빛을 내면서 마당을 지나가시는 것이었습니다. 벌떡 일어나서 꿈인지 생시인지 모를 일이었는데, 무리의 끝에서 5~6세 정도의 아이가 제게로 날아왔습니다. 저를 잡고 함께 날아가려고 했는데 제가 너무 무거우니 또래의 천사를 불러 양쪽에서 잡고 담장까지 날아갔습니다. 헛기침을 하며 들어오시는 아버지가 보였는데, 두 아이 천사가 "지금은 아직 아니니까 나중에 만나자" 하며 천군천사들을 향해 돌아갔습니다.

이 일을 아버지께 말씀드렸으나 무엇인가 기분이 안 좋은 느낌을 받으셨는지 "개꿈이야" 하며 잘라 말씀하셨습니다. 저는 '아닌데…'

하며 답답해 하였습니다. 지금도 당시의 체험이 생생합니다.

40년 만에 다시 뭉친 가족들

쉰 살을 훌쩍 넘긴 어느 날, 둘째 언니(이정례 성도)가 증산도 도장에 함께 가자고 권했습니다. 망설여졌지만 상생방송을 시청해 온 터라 이내 승낙을 하였습니다. 언니는 먼저 도장에 다니고 있었습니다. 언니는 "정희 네가 도장 간다고 하니까 내 아픈 마음과 몸이 다 낫는 것 같다." 하면서 좋아서 어쩔 줄 몰라 했습니다. 도장을 방문하고 보니 증산도에서 읽고 있는 8대 주문이 전혀 낯설지 않았습니다. 어릴 때부터 다 알고 있었던 주문들이었습니다. 상제님 신앙을 접한 지 40년이 흐른 오늘에서야 언니로부터 증산도 도장으로 인도된 것입니다. 어릴 때 선생님이 하시던 말씀과 꿈에서 본 천사들이 오늘에서야 명확해졌습니다. 언니가 아니었다면 증산 상제님, 태모고수부님, 태상종도사님, 종도사님을 알지 못했음은 자명하며, 어릴 때 부모님의 상제님 신앙과 주문들을 이해하지 못한 채 그저 잊혀져 갔을 것입니다.

저는 지난 25년을 미국에서 살았습니다. 어머니께서 고령으로 편찮으시고 형제들도 따로 살기에, 딱 일년만 같이 지낼 것을 기약하고 귀국했으나 현재까지 한국에서 같이 살고 있습니다. 어머니는 여든이 넘으셔서 기억력이 점점 약해지지만 천주님(상제님)만큼은 절대 잊지 않으셨습니다. 어머니께서는 교회에 다니고 계셨는데 둘째 언니가 "우리 어릴 때 집에서 천주님 모시지 않았습니까? 씨는 엄마가 뿌려 놓은 겁니다. 태전에 태을궁도 있고 밥상 다 차려져 있는 곳에 수저만 들고 가는 거니까 얼마나 복이 많고 좋아요. 함께 갑시다!" 하였습니다. 어머니도 "그래, 내가 목사님네 하고 창문 하나 사이로 가족같이 지냈어도 우리 천주님이 일등으로 높으신 어른

이니까 가마!" 하시며 결단을 내리셨습니다. 또 막내 남동생에게 상
생방송에 대해 설명을 하는데, 대뜸 "나 천주님 생각했어. 계속 상
생방송 보고 있었어. 우리가족 다시 뭉칠 기회네. 그래 갈게." 하는
것이었습니다. 언니는 좋아서 어쩔 줄 몰라 하였습니다. 언니는 집
에도 안 가고 어머니와 저와 함께 한 달을 함께 지냈습니다. 이렇게
7남매 중 어머니와 둘째 언니, 막내 남동생, 그리고 언니 친구의 자
녀들도 함께 도장에 방문하기로 했습니다.

상제님 만난 것에 감사드리며

지난해 9월 21일 수요치성일에 처음으로 진리공부를 했습니다.
상제관이었는데 "공자, 석가, 예수는 내가 쓰기 위해 내려 보냈느니
라."(道典 2:40:6)는 말씀에 굉장히 감탄했습니다. 40여 년 전에 아
버지께서 항상 하시던 그 말씀을 들으니 아버지께 감사하고 또 감
사합니다. 많이 편찮으셔서 요양원에 계시지만 식사 전에 늘 식고
도 하시면서 '착하게 살아라'는 등 좋은 말씀들을 해주시는 그런 아
버지이십니다. 타국에서 잘 살아보겠다고 그런 부모님을 모시지 못
하고 다 망해서 돌아왔지만, 저를 받아주시는 부모형제와 함께 지
낼 수 있으니 천복임을 느꼈습니다. 처음으로 가족이 모두 참석하
는 일요치성, 조상님들께 절을 올리니 감사함과 행복함, 기쁨이 이
루 말할 수가 없었습니다.

지난 10월 12일 상제님 성탄치성에는 저와 언니, 어머니, 남동생
등이 참석하였습니다. TV에서 보던 종도사님을 직접 뵐 수 있었고
성탄치성에 참석하니 그저 감사할 뿐이었습니다. 손도 잡아보고 싶
고 직접 인사도 올리고 싶었습니다. 도장에서 화면으로 뵐 때 종도
사님이 손을 드시면 푸른빛과 하얀빛이 보였는데 태을궁에서도 그
렇게 보였습니다. 어흥! 하는 호랑이 목소리 같으면서도 천진난만

한 어린아이 같은 모습에 또 한번의 믿음이 섰습니다. 그리고 입도를 결심하였습니다. 제 딸은 미국에서 태어나 현재 서울에서 영어강사를 하고 있는데, 입도를 시켜 증산도에서 일하게 하고 싶은 것이 제 소원입니다.

마음 깊이 쌓여있던 한과 현재의 모든 일들이 도장에 나오면서 봉사와 감사로 승화되고 있습니다. 상제님을 만난 것에 감사하고, 지난 삶에서 받은 모든 부담을 내려놓을 수 있게 됐습니다. 이해하기 쉽게 공부 가르쳐주시고 믿음을 주시는 진리말씀, 가족과 같은 친절함과 따뜻함에 감사합니다. 저희를 이끌어주셔서 감사합니다. ◎

우리 어릴 때 집에서
천주님 모시지 않았습니까?
씨는 엄마가 뿌려 놓은 겁니다.
태전에 태을궁도 있고
밥상 다 차려져 있는 곳에
수저만 들고 가는 거니까
얼마나 복이 많고 좋아요.
함께 갑시다!

"증산도가 참 바른 진리구나 나도 해야겠다"

상제님, 태을주, 대천제, 상생방송

정의운(70)

경북 경주시 / 아파트 관리팀장 / 144년 음11월
/ 부산온천도장

2013년 막내 딸아이가 뭔가를 하겠다고 했습니다. 나는 그저 아무런 말없이 지켜만 보고 있었습니다. 상제님에 대해서, 태을주 주문에 대해서 뭐라고 잠깐씩 재잘거렸지만, 그런가보다 하고 잠자코 듣기만 했습니다. 그러다가 2013년 12월 22일 동지 대천제에 함께 가자는 딸아이와 집사람의 권유를 들었습니다. 내심 집사람과 딸아이가 하려는 것이 어떤 것인지 궁금하기도 하고 주말에 집에 혼자 있기도 그렇고 해서 권유에 못이긴 척 따라갔습니다. 흰색 도복을 입고 너른 태을궁에 앉아 어색하게 주변을 둘러보고 있었는데, 모든 사람들이(특히 저보다도 나이가 지긋한 분들이) 사부님께 예를 갖추어 고개를 숙이고, 말씀을 받드는 모습이 몹시도 낯설고 이상하더군요. 그때는 "나이 들고 할 일이 없으니까, 이런 데 오는 거다."라고 스스로 위안 삼는 얘기를 했었죠.

그리고 올해 2014년 7월 20일 대천제에도 참석을 했습니다. "아빠, 여행 가는 기분으로 우리 집 식구들 다 같이 태을궁에 가요." 딸아이가 다른 건 몰라도 상반기 대천제와 동지 대천제는 꼭 참석해야하는 거라며 집사람과 함께 가자고 하더군요. '그때 한 번 가봤는데 또 갈 필요가 있나?' 하는 마음이 들었지만, 집안의 평화(?)를 위해서 그냥 가기로 했습니다. '뭐 작년 동지대천제와 다를 게 뭐 있겠어' 라는 마음으로 앉아 있는데, 국악인 김영임씨의 대천제 축하 공연이 시작되었습니다. 그 공연 앞에서 울컥하는 뜨거운 무언가가 올라왔습니다. "어머니~."라고 목놓아 부르는데 말로 표현하기 어려운 감정이 흘러내렸습니다.

2014년 12월 21일 을미년을 여는 동지 대천제에도 어김없이 막내딸아이가 함께 가자고 하였습니다. 주말마다 집안 묘사도 있었고, 개인적인 일도 있어서 제대로 쉬지 못했던 나는 너무 피곤하고 귀찮아서 안 가려고 둘러댔습니다. 사실 그런 마음이 들었던 것도 사실이었죠. 그런데다 대천제 출발 아침에 딸아이는 다니는 회사에 급한 일이 생겨, 집사람과 둘이서 올라가야만 했습니다. 그랬는데 태전으로 올라가는 버스 안에서 문득 '이왕 할 거면 지금부터 해야겠다'는 생각이 들었습니다. "오늘 동지대천제 가서 입도할까?...입도해야겠다." 저의 말을 들은 집사람은 적잖게 당황하는 듯하다가 이내 얼굴이 환해집니다. 그도 그럴 것이 한 번도 내색한 적이 없었던 말이었기 때문입니다.

사실 지금껏 잠자코 있었지만, 집사람이 즐겨보는 상생방송을 슬쩍슬쩍 보면서 '아, 저거 참 옳은 소리다' 하며 무릎을 치곤했습니다. 특히 마음 깊숙이 와 닿았던 것은 '조상님을 잘 모셔야 한다는 것'과 '제 조상이 제 1의 하나님'이라는 말씀이었습니다. 요즘 시대에 제 자식이 제일 잘났다고 추켜세우며 키우다 보니 본인만 귀한 줄 알지 정작 자신을 있게 해주신 조상님에 대한 마음 같은 것은 아예 모르고 사는 사람이 허다합니다. 참으로 안타까운 일이 아닙니까. 이런 제 마음을 고스란히 밝혀주는 내용에 가만히 귀 기울이다

보니 시나브로 알게 되었던 것입니다. '증산도가 참 바른 진리구나. 나도 언젠가는 저것 해야겠다' 언제부터인가 그런 마음을 먹고는 있었지만 한번 시작하면 제대로 꾸준히 해야 하는데 싶어 조금은 미루고 있었지요. 그리고 입도를 하고 제대로 신앙을 시작해야 이 좋은 진리를 사람들에게 알릴 수 있을 것 같다는 생각이 들었습니다.

그리고 입도하겠다는 마음을 먹은 동지 대천제에서 또다시 큰 감동을 받았습니다. 입도한 지 얼마 안 되는 통영의 한 성도님이 발표한 진솔한 신앙고백을 들었습니다. 해방둥이로 태어나서 말로 다하기 힘들 만큼 고생을 하며 살아왔던 내 지난날과 그 성도님의 삶이 겹치며 형언할 수 없는 감정으로 눈물이 흘러내렸습니다.

게다가 12월 27일 조상님 천도식을 올려드리겠다고 말을 하고부터 21일 정성수행을 하는 딸아이의 모습에서 마음이 또 한 번 크게 움직였습니다. 말로 하진 않았지만, 쭉 지켜보고 있었죠. 하루도 거르지 않고 정성을 들인다는 것이 쉽지 않을 텐데 출근 전 꼬박꼬박 새벽수행을 나가더군요. 그 정성은 제 마음을 움직이기에 충분했습니다. 드디어 2014년 12월 27일(도기 144년 음력 11월 6일) 조상님 천도식과 저의 입도식이 있었습니다. 돌아가신 아버지, 어머니, 할아버지, 할머니, 고조부, 고조모님과 조상 선령님들을 모시고, 딸아이와 집사람이 오랫동안 바래왔을 입도식을 치렀습니다. "참진리를 만나면 조상선령신들이 좋아서 춤을 추느니라."라는 말씀처럼 정말 그래서일까요? 그렇게 즐겁고 기분이 좋을 수가 없었습니다.

오늘도 조용하고 상쾌한 새벽길을 달리고 왔습니다. 저의 취미는 마라톤입니다. 새벽 시간에 맑은 공기를 마시며 달리는 동안 규칙적인 움직임과 함께 태을주를 두 시간 남짓 읽다보면 몸이 가뿐해지고 마음이 개운해지고 밝아지는 것을 스스로 느낄 수가 있습니다. 기분이 좋아지고 즐거워집니다. 제 딸아이가 웃으며 말합니다.

"아빠는 새벽 도공수행을 하고 오시는 거네요."

내가 가져왔던 조상님에 대한 생각이 옳다고 말해주는 방송이 하나뿐인 것이 몹시도 안타깝습니다. 바르고 바른 정신과 우리의 역사와 부모님에 대한 효를 가르치는 방송, STB상생방송. 이 길이 정확하고 옳은 길이라는 것을 바로 알게 해주시고, 바른 길로 갈 수 있게 이끌어주셔서 감사합니다. 힘든 인생이었지만, 언제나 조상님의 손길로 어려움을 극복해왔던 것임을 다시금 생각해보게 됩니다. 고맙습니다. 인생은 마라톤이라고 생각합니다. 이제부터 제 신앙도 마라톤이 될 것입니다. 한순간도 멈추지 않고 꾸준하게 달려왔듯 멈추지 않고 매일매일 달리겠습니다. 고맙습니다. ◎

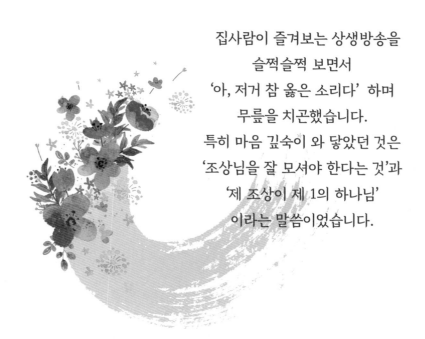

집사람이 즐겨보는 상생방송을
슬쩍슬쩍 보면서
'아, 저거 참 옳은 소리다' 하며
무릎을 치곤했습니다.
특히 마음 깊숙이 와 닿았던 것은
'조상님을 잘 모셔야 한다는 것'과
'제 조상이 제 1의 하나님'
이라는 말씀이었습니다.

"조선 땅에
옥황상제님이 강세하셨다"

가족, 옥황상제님, 상생방송, 수행

강정희(46)

부산 부산진구 / 주부 / 145년 음1월 / 애틀란타도장

저는 2년 전 약간 늦은 나이에 결혼을 하여 해외에서 거주하는 남편을 따라 미국으로 이민을 왔습니다. 꿈같은 신혼여행을 마치고 알리바마 주에 있는 집으로 가는 길에 남편 김태연 성도님으로부터 증산도를 신앙한다는 이야기를 처음 들었습니다. 그러면서 "증산도가 어떤 종교인지 아느냐?"고 물어서 잘 모른다고 하였습니다. 저는 뜻밖의 말을 들어서 약간 당황했지만 내색은 하지 않았습니다. '증산도가 어떤 종교지?' 하는 호기심은 생겼었지만 낯선 이국생활에 적응하고 신혼살림 가꾸기에 모든 관심이 쏠려서 증산도에 대해서 알아보려는 시도조차 하지 못했습니다. 집에서 매일 새벽에 지극정성으로 봉청수하고 수행하는 남편을 보면서 그냥 '참 착실하게 신앙생활을 하는구나'라고 생각하였습니다.

단꿈에 젖어 있던 1달 후 남편을 따라 집에서 차로 2시간 30분 정도 소요되는 거리에 위치한 애틀랜타도장에 방문하게 되었습니다. 마침 상제님 성탄치성을 앞둔 날이라 다른 성도님 가족 한 팀(3명)도 와 있었습니다. 도장에서 포감님을 뵙고 도담을 나누는데 포감님께서 저에게 '지금으로부터 145년 전에 조선 땅에 옥황상제님이 인간으로 강세하셨다'는 실로 믿기 힘든 이야기를 들려 주셨습니다. 또 우주 1년과 지구1년의 의미, 춘생추살의 의미, 괴질 병겁, 신명 등등 생소한 말씀들을 많이 들려주셨는데 무섭기도 하고 어리둥절하기도 해서 조금 혼란스러웠습니다. 그 다음날은 상제님 성탄 치성 날이었는데 집에서 제사 준비를 할 때보다 더 엄숙하고 경건하게 준비하는 모습에 또한 많이 놀랐습니다. 성탄 치성에 참석하여 다른 성도님들과 함께 주문을 송주하는데 의외로 처음 접하는 생소한 주문들이었지만 마음이 너무나 편안해짐을 느꼈습니다. 그 후 도장에 올 때마다 포감님께서 진리 말씀들을 해 주시고 『도전』 읽기, 『도전』 CD 전체 3번 듣기, 태사부님 말씀 CD 전체 3번 듣기, 소책자들 읽기 등 이해하기 쉬운 것부터 차근차근 숙제를 내 주셨습니다. 저는 집에 돌아가면 한 달 동안 열심히 숙제를 하였습니다. 또한 남편이 한결같이 새벽 일찍 일어나 목욕재계하고 봉청수, 수행하는 모습, 태사부님, 사부님 말씀을 빠뜨리지 않고 받들고 상생방송도 늘 시청하는 것을 지켜보면서 저도 큰 목적의식은 없었지만 그냥 당연히 같이해야 한다는 생각이 들었고 자연스럽게 교육과 수행에 참여하였습니다. 천하사 신앙의 대의와 사명감을 가지고 본인의 진실되고 확고한 의지로 입도를 해야만 올바르게 변치 않는 신앙생활을 지속할 수 있다는 포감님의 지론에 동의하여 차근차근 천천히 준비해서 입도를 해야겠다고 생각했습니다. 한 달 만에 도장에 갈 때는 피붙이 하나 없는 나에게 도장은 친정집 같았고, 그런 친정집으로 가는 즐거운 기분과 편안한 마음으로 치성을 드렸습니다.

이렇게 한 2년을 열심히 예비신도로 도장을 다니고 태사부님, 사부님 진리말씀을 받들고, 여러 진리서적들을 읽는 횟수가 점점 늘 어갈수록 진리 말씀들이 더욱 깊이 몸으로 각성되고 깨달아지기 시작하였습니다. 그리고 너무 무지하고 안일한 나 자신에 대해 비로소 많이 부끄러워지기 시작했습니다. "지천하지세자知天下之勢者는 유천하지생기有天下之生氣하고, 암천하지세자暗天下之勢者는 유천하지사기有天下之死氣니라."는 『도전』 성구는 제가 특히 좋아하는 성구 가운데 하나인데 '이 중요하고 급박한 시기에 나는 도대체 지금 무엇을 하고 있나?' 하는 한심한 생각이 들기 시작했습니다. 문득 초등학교 때 '나는 죽으면 어떻게 될까? 그것으로 끝인가?' 하는 생각들이 자주 들어서 어린 마음에 너무 두려워 애써 생각하지 않으려 노력했던 기억이 다시 떠올랐습니다. 또 친정 어머니(40년 이상을 절에 지극정성으로 다니심)와 같이 다녔던 절에서 불공드리면서 부처님이라고 기도 드려야하는데 언젠가부터 무의식적으로 '하느님 아버지'라는 말이 자동으로 나와서 '이상하다, 절에서 왜 하느님을 찾지, 불경스럽게……'라고 생각했었던 기억도 떠올랐습니다. 또 수행을 할 때마다 이런 저런 생각들이 많이 들었는데 대부분이 요리에 대한 사념들이어서 '우리 집 조왕신의 기운이 너무 강력한가? 아니면 식신食神이 수행할 때마다 방해를 하나?' 하는 엉뚱한 생각도 들었습니다. 혹시나 제가 아직 입도를 하지 않아서 저의 조상선령님들이 멀리서만 저를 보고 계셔서 수마, 복마를 물리쳐주지 못 하시나 하는 생각도 들었습니다. 그리고 너무 안일하고 나태한 생각들이 저를 사로잡아서 성경신이 삼위일체가 되지 못했다는 반성이 들었습니다. 그러면서도 어릴 때 해결하지 못했던 인생 본질문제에 대한 고민도 다 나를 증산도로 이끌기 위한 조상님의 강력한 힘이었다는 것을 자연스럽게 깨닫게 되었습니다.

이제는 저도 입도를 통해 하루 빨리 완전한 증산도 신도가 되어 남 살리는 일에 헌신하고 싶습니다. 그리하여 신실한 가톨릭 신자이신 시부모님과 하루 반나절을 절에서 보내시는 친정어머니, 그런 어머니로 인해 반강요로 절에 다니시는 친정아버지, 다른 시댁 식구들, 친정의 형제 자매들, 친구들, 나아가 진리에 인연 있는 세상 사람들을 상제님 품으로 인도하고 싶습니다. 너무나 부족한 점이 많지만 『도전』 말씀과 태사부님, 사부님의 말씀을 바탕으로 성경신을 다해 신앙하는 증산도의 순수하고 진실한 일꾼이 될 것을 서원합니다. ◎

STB 구도의 여정 (17회 강정희)

"내가 와야 할 자리에 와서
앉아 있구나"

가족, 수행, 진리공부

이영란(53)

경기 안성시 / 주부 / 145년 음1월 / 마산회원도장

　상제님 품에 들어오는 입도식을 앞두고 있는 지금, 돌이켜 생각
해보면 50평생 참 멀고도 험한 길을 돌고 돌아서 그 끝에 고향의
부모님 품 안에 안긴 듯합니다. 9남매의 막내로 태어난 저는 돌아
가신 아버지의 상제님 신앙을 갓난아기 때부터 지켜보며 자라왔
습니다. 이른 아침이면 안방 아랫목에 상제님 어진과 태모 고수부
님 진영을 모셔놓은 자리에 청수를 떠 놓고 늘 기도를 하셨습니다.
늘 일심으로 평생 상제님을 받들고 또 그 뜻에 따라 진실한 삶을 사
신 분이셨기에 저희 자식들은 한결같이 청빈하지만 덕망 높으셨던
아버지를 존경하며 살아왔습니다. 돌아가신 후에도 신심이 깊으셨
던 만큼 아마도 높은 곳에서 세상을 밝혀 주시는 일을 하고 계실 거
라는 것을 가족 모두 믿어 의심치 않습니다. 동네에서는 아버지 묘
비 앞에 작은 추모비를 세워서 아버지의 삶을 공경하고 뜻을 기리
고 있습니다. 우리 9남매는 아버지 자식임을 지금도 자랑으로 생각
하며 살고 있습니다. 저는 아버지께서 늘 기도하시고 공부하시는
모습을 보면서 자연스럽게 태을주와 운장주를 제 삶의 기본 기도문

으로 삼게 되었습니다. 어려운 고비 고비마다 주문과 기도로써 이겨내곤 했습니다. 늘 말씀해주시던 "척을 짓지 마라, 근본을 알고 조상을 잘 섬겨야 한다, 돈을 탐하지마라, 은혜는 꼭 갚아라, 남에게 기대지 마라."라는 말씀을 통해서 반듯하게 살려고 노력하였습니다. 저희 집 냉장고에는 붙여놓고 즐겨보는 글이 있는데 '부모 된 사람들의 가장 큰 어리석음은 자식을 자랑거리로 만들고자 함이다. 부모 된 사람들의 가장 큰 지혜로움은 자신들의 삶이 자식의 자랑거리가 되게 하는 것이다'라는 글이 있습니다. 저희 아버지는 그런 삶을 사신 분이셨습니다.

부모님 품 안에서 유복하게 유년시절을 별 어려움 없이 자랐지만, 반대하던 결혼을 하면서부터 인생의 우여곡절을 겪었습니다. 결혼 후 천주교 신자인 남편을 따라 성당을 다니며 영세도 받았고 혼배성사도 하였지만, 첫 고해성사 날 밤에 꾸었던 꿈을 잊을 수가 없습니다. 검은 도복 차림을 한 사람이 꿈에 나타나서 허튼짓 한다며 얼마나 엄하고 혹독하게 꾸짖고 나무라시는지 너무 무서워서 잠에서 깨었습니다. 그 이후로 천주교는 내가 모실 종교가 아니라는 것을 깨닫고 두 번 다시는 고해성사를 하지 않았고 얼마 지나지 않아 성당에도 나가지 않게 되었습니다.

너무 어렵게 시작한 결혼 생활은 아무리 노력해도 나아질 기미가 보이지 않았습니다. 설상가상으로 IMF 때에는 하던 일마저 망해서 풍비박산이 되어 빈털터리로 마산으로 내려왔습니다. 어렵게 어렵게 살면서 빚도 청산하고 좀 살만 하니까 나이는 벌써 50줄에 닿았고, 부부의 연이 다하여 이혼의 아픔도 겪었습니다. 불행은 연달아서 온다고 하던 말이 있듯이 근래 2년 동안 이혼, 실직, 친정 모친 사망, 병으로 인한 입원과 대수술 또 한 번의 입원으로 건강마저 약해지고 마음도 약해졌습니다. 사람은 아픔을 통해 성숙한다고 하더니 그 힘든 길을 지나오고 나서야 상제님을 모시는 신앙생활을 하고 싶다는 생각이 들었습니다. 친정의 셋째 오빠는 오래전부터 아버지의 뜻에 따라 증산도 신앙생활을 해오셨기 때문에 늘 만날 때마다 상제님을 모시라는 권유를 했습니다. 그러나 저는 솔직히 자신이 없었습니다. 아버지나 오빠처럼 일심으로 신앙생활을 할 자신도 없었고, 그냥 맘속에서 평소처럼 힘들면 주문을 외우고 기도만 하면 된다고 안일하게 생각하였습니다. 그런데 결정적으로 제가 상제님을 모시려고 했던 이유가 있었습니다. 제가 몸도 마음도 나약해지니까 저한테 신이 들어왔습니다. 여기저기서 신神 바람이 들어왔다고 신을 모시는 무당이 되라고 권하였는데, 차마 그럴 수는 없었습니다. 그래도 평생 맘속에 상제님을 품고 살아왔는데 무당이 될 수는 없었습니다. 그 길은 자식한테도 떳떳하지 못하고 존경받는 엄마가 될 수 없는 길임을 알기에 마음의 중심을 잡고 친정 오빠에게 의논하여 입도 준비를 하게 되었습니다. 10년 전 쯤 마산에 내려와 어렵게 살던 시절에 상제님 신앙을 하려고 입문을 하였지만 공부만 조금 하다가 포기하였는데, 이제야 본격적으로 입도 공부를 하게 된 것입니다. 증산도 신앙은 다 때가 되어야 되는 것 같습니다.

처음에 증산도 도장에 무턱대고 찾아가서는 공부하고 싶어서 왔다고 하였습니다. 조금은 당혹스러우셨을 포정님을 생각하면 지금도 웃음이 납니다. 그래도 친절히 조력자도 만들어 주시고 친히 입도 교육도 날마다 해주셨습니다. 기도하는 법, 수행하는 법, 공부하는 법을 어린 아기에게 가르쳐 주시듯 하나에서 열까지 세세히 가르쳐 주시고 이끌어 주셔서 편안한 맘으로 임할 수 있었습니다. 공부를 하면 할수록 어렵기도 하지만 재미도 있었습니다. 우주변화의 원리를 통해 앞으로 다가올 후천 5만년 세상을 알게 되고, 진리 공부를 통해 100여 년 전 상제님께서 왜 이 세상에 오셔서 천지공사를 펼치셨는지를 알게 되었습니다. 참일꾼 참신앙인이 되어야 하는 이유도 알게 되었습니다. 도장에 나올 때마다 늘 생각하는 것이 있었는데, 조금은 늦었지만 그래도 다행인 것이 '내가 와야 할 자리에 와서 앉아 있구나' 하는 안도감과 고마움이었습니다.

삶에 지치고 힘들어 생을 포기하고 싶을 때도 있었습니다. 그래도 조상님께서 이 못난 저를 불쌍히 여기시어 제 자식만은 반듯하게 잘 자랄 수 있도록 보살펴 주시고, 험한 세상에서도 상처받은 맘을 잘 다독여 심성을 크게 다치지 않고 거칠지 않게 보살펴 주셨음을 깨달았습니다. 그렇기 때문에 더욱더 첫걸음 뗄 때부터 제대로 배우고 싶은 욕심에 하나하나 배우고 익히는 데 정성을 기울였습니다. 거의 일 년 동안을 집에서 쉬면서 빈둥거리던 게으름이 습관이 돼버려서 도장에 나와서 공부와 수행을 하는 것이 처음엔 힘들고 버거웠습니다. 하지만 늘 곁에서 끈을 놓지 않게 챙겨주시고 함께 해주시는 포정님과 조력 성도님의 도움으로 긴장의 끈을 놓을 수가 없었습니다. 밤이 새는 줄도 모르고 『도전』 책을 처음 읽던 날 꾸었던 꿈은 지금도 생생합니다. 돌아가신 친정어머니와 함께 있었는데 온몸에서 고름 주머니가 터져 나와 새 이부자리가 흠뻑 젖을 정도로 방안이 온통 고름으로 가득 찼습니다. 너무 놀라서 양동이와 쓰레받기로 고름을 퍼내다가 깼는데 지금 생각해도 너무나 신기하고 놀라운 꿈이었습니다.

아직은 어설프지만 수요치성, 일요치성에도 적극 참여하여 정공수행도 해 보고 도공도 해 보고, 105배례를 통해 지극정성으로 상제님을 받드는 기도도 해 보고, 천도식에 참여하여 봉사활동도 해 보고, 외부에 전단지를 붙이는 포교활동에도 참여해 보면서 많이 배우고 익히고 있습니다. 앞으로 상제님의 뜻에 따라 정성껏 신앙하고 공부하여 개벽되는 세상에서 '나는 자식으로서는 열매요 부모로서는 씨종자'임을 깊이 깨달아 참 신앙인이 되어 일심으로 상제님의 뜻을 받들고 생활할 수 있기를 늘 염원해봅니다. 너무나 부족하고 보잘 것 없는 저를 상제님 신앙의 길로 갈 수 있도록 허락해주신 상제님과 부모님 전에 감사를 드립니다. ◎

나의 신앙 증산도 시즌2 18회 (이영란)

개벽되는 세상에서
'나는 자식으로서는 열매요
부모로서는 씨종자'임을
깊이 깨달아 참 신앙인이 되어
일심으로 상제님의 뜻을
받들겠습니다.

"위대한 우리 역사에
흠뻑 빠졌어요"

가족, 역사, 태을주, 진리공부, 조상님

안수빈(15)

전북 익산시 / 학생 / 143년 음7월 / 익산신동도장

엄마와 함께했던 신앙 기억들

제가 처음 증산도를 알게 된 것은 6살 때였습니다. 그때는 어렸을 때라 그냥 아무 생각 없이 멋모르고 엄마 따라 도장에 갔습니다. 제가 살던 고창은 도장이 없어서 엄마가 동생을 등에 업고 저랑 함께 정읍까지 버스를 타고 갔습니다. 아빠가 신앙 반대를 하셔서 엄마 따라 몰래 갔다 오곤 했습니다.

어느 날인가는 제가 방에서 뭔가 무서운 것을 봐서 방에서 뛰쳐나왔던 적이 있습니다. 엄마께 말씀드렸더니, 며칠 후에 북어포와 과일, 막걸리 등 상을 차리셨습니다. 그리고 엄마가 태을주를 함께 읽자고 하셨습니다. 엄마와 태을주를 읽을 때 무엇인가 머리에 들어와서 등쪽으로 뭔가가 빠져나가면서 아주 시원한 느낌이 들었습니다. 나중에 알고 보니까 조상님께서 직접 몸에 들어오셔서 척신을 빼 가신 것이라고 말씀해 주셨습니다. 조상님들께서 오셔서 막걸리도 드시고, 얼씨구 하시면서 춤을 추셨습니다. 그리고 엄마한테 "고맙다." 하시고 창문 쪽으로 사라지셨습니다. 저는 그때 너무 어렸기 때문에

그것이 그렇게 신기하고 놀라운 체험인지 잘 몰랐습니다.

처음으로 1분 도공을 하게 되었을 때 눈앞에 금가루가 휘날리는 것을 보았을 때도 그랬습니다. 이런 체험을 하였어도 저는 진리공부를 많이 하지 못했습니다. 그냥 『증산도 이야기 도전』만 읽었고 진리공부를 거의 하지 못하고 몇년 동안을 지내왔습니다. 엄마가 가끔 『도전』 내용이나 재밌는 이야기를 해주시는 것을 듣는 것이 전부였습니다. 6학년 때 엄마와 밤에 배례도 하면서 40분씩 태을주도 읽었으나 그렇게 약 한달 정도 수행하다가 안하게 되었습니다.

우리 역사를 알아가는 재미

지난 2012년 6.3대천제 때 입문을 하였습니다. 2013년에는 익산으로 이사를 왔고 중학생이 되었습니다. 엄마가 더 이상 미루면 안 되겠다고 하셔서, 이번 여름방학에 매일 도장에 가서 진리공부와 수행을 하였습니다. 그리고 입도를 하기로 결심했습니다.

저는 진리공부를 하면서 다른 것들도 놀라웠지만 우리나라의 역사가 9천년이 넘고 아주 넓은 땅에서 살았다는 것을 알아가며, 우리 역사가 위대하다고 느껴졌습니다. 왜곡된 역사에 대해 하나씩 바르게 알아가는 것도 재미있었습니다. 그리고 많은 사람들에게 진리를 전해 사람들에게 도움이 되고 싶은 마음이 들었습니다. 그래서 당장 친구에게 우주 1년 이야기를 전해 주었습니다. 증산도 공부를 하게 되면서 저는 저와 친구들이 평소에 갖는 관심사가 너무나 다르다는 것을 느낍니다. 그러나 저는 증산도 공부가 중요하다고 생각되며 진리공부를 더 하고 싶습니다.

저는 입도를 준비하면서 조상님께서 저를 도와주고 계시다는 느낌이 들었습니다. 왜냐하면 추첨을 해서 배정받은 중학교가 익산 신동도장과 아주 가까웠기 때문입니다. 고창에 살 때는 버스를 타고 도장에 다녀야 했는데, 익산으로 이사 오면서 학교와 도장이 가까운 곳에 있게 되어 우연 같지만 제가 신앙을 잘할 수 있게 조상님들께서 돕고 계시다는 생각이 들었습니다. 이번 여름방학에 진리와 수행공부를 하는데, 다른 할 일들이 많아 바빴는데, 개학일이 며칠 연기되어 조상님들께서 입도준비와 수행을 더 많이 할 수 있어 도움의 손길을 다시 한번 느낄 수 있었습니다. 앞으로 『도전』과 『환단고기』를 꾸준히 읽고 수행과 도공 공부도 열심히 하여 포교할 수 있는 힘을 기르고, 조상님들께서 기뻐하시는 좋은 일을 많이 하고 싶습니다. ◎

조상님들께서 오셔서 막걸리도 드시고,
얼씨구 하시면서 춤을 추셨습니다.
그리고 엄마한테 "고맙다." 하시고
창문 쪽으로 사라지셨습니다.

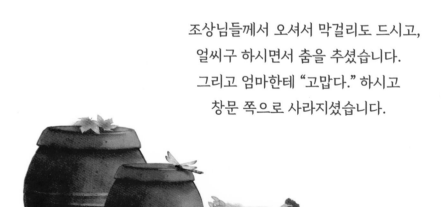

자손에게 선령은 곧 하느님

만성 선령신(萬姓 先靈神)들이
모두 나에게 봉공(奉公)하여 덕을 쌓음으로써
자손을 타 내리고 살길을 얻게 되나니
너희에게는 선령(先靈)이 하느님이니라.
너희는 선령을 찾은 연후에 나를 찾으라.
선령을 찾기 전에 나를 찾으면
욕급선령(辱及先靈)이 되느니라.
사람들이 천지만 섬기면 살 줄 알지마는
먼저 저희 선령에게 잘 빌어야 하고,
또 그 선령이 나에게 빌어야 비로소 살게 되느니라.

(증산도 道典 7:19)

훔치 훔치
吽哆 吽哆
吽哆 吽哆

太乙天 태을천
上元君 상원군
吽哩哆𠺢都來 훔리치야도래 훔리함리사파하
吽哩喊哩娑婆詞

태을주는 후천 밥숟가락이니라

태을주는 오만 년 운수 탄 사람이나 읽느니라

(증산도 道典 7:73)

PART 6

인터넷의 바다에서
진리를 건지다

66 지리상으로 볼 때 우리나라 대한민국이 지구의 원중심, 고갱이, 알캥이, 핵심혈穴이다. 지구는 우리나라 조선 삼천리 강토를 감싸 주기 위해서 형성되어 있는 것이다. 그렇기 때문에 삼계를 다스리는 우주의 절대자 하나님, 참 하나님께서 이 넓은 지구상에서 바로 이 땅으로 오셨다. 그것을 주역에서 "종어간시어간終於艮始於艮"이라고 했다. **99**

– 안운산 태상종도사님 말씀

왜 증산도가 이 땅에 출현해야 하는가? (8분 25초)

"저를 선택해 주셔서
감사합니다"

인터넷, 대순진리회, 상제님

허태옥(42)

중국 흑룡강성 오상현 / 아르바이트 / 146년 음2월
/ 마산회원도장

　제가 어린 시절 살던 중국 하얼빈哈爾濱 근처 시골에는 절이나 교회가 전혀 없었습니다. 15세 때쯤 기독교 전도사가 마을 친구 집에 동네 사람들을 모아 놓고 전도하는 모습을 처음 보았습니다. 20세 때 중국의 수도 북경에서 살았는데 그때 교회나 절에 가보았습니다. 그런데 왠지 교회에 가면 머리가 아프고 한기가 와서 30분 이상 앉아 있지 못했습니다. 하지만 절에 가면 향내가 좋고 목탁 소리도 좋아 마음이 편안해서 계속 있고 싶었습니다. 스님들이 쓴 책을 보면서 출가를 하고 싶은 마음이 저절로 생길 정도였습니다.

　자수성가하신 부모님 슬하에서 부족한 것 없이 고생이라는 것을 모르고 살아서인지 저는 결혼을 하지 않고 수도하며 혼자 살 거라고 늘 주변 사람들한테 얘기하곤 하였습니다. 그러던 제가 무엇에 홀렸는지 23세에 한국 본사 창원에 있는 항공사 과장님 소개로 지금의 남편과 결혼하게 되었습니다.

　'여자 인생 결혼해봐야 안다더니…!' 결혼하고 채 1년도 안되어 남편은 다니던 직장을 그만두고 백수생활을 하기 시작했습니다. 돈

에 관심이 없던 저는 아이 둘 키우면서 먹고 살기 위해서 못할 게 없을 정도로 점점 변해갔습니다. 하루 3시간 자는 둥 마는 둥 하면서 몸을 혹사해가며 일을 했습니다.

2010년 6월, 온몸에 면역력과 체력이 소진되어 쓰러져 눕게 되었습니다. 남편을 원망하며 증오하기도 하고 제 인생을 한탄하면서 '이제 어떻게 해야 하지?' 하는 갈림길에서 헤매고 있을 때 대순진리회 도인을 만나 도담을 듣게 되었습니다. 인과응보! 모든 것은 전부 제가 해놓은 전생의 업이라는 말을 인정하기에는 억울하고 슬펐습니다. 수도 생활을 하면서 많은 복마를 겪었지만 포기하지 않고 견뎠습니다. 그런데 2013년 저를 인도했던 분이 무슨 이유에서였는지 조직을 떠났습니다.

제 마음도 힘들었지만 2년 정도 더 버티고 있을 때 마산으로 이사하면서 인터넷을 통해 유○○ 포정님을 알게 되었습니다. 전부터 상제님 진리가 맞다는 확신을 갖고 마음에 와 닿는 부분이 많았지만 무언가 뚜렷하지는 않았습니다. 그래서 마산도장을 방문하였고, 첫날 도장의 윤 포정님께서 5시간 가량 상제님 진리에 대한 설명을 통해 저의 질문에 정확한 답변을 해주셨는데 마음 한구석이 시원하면서 정말 감사했습니다. 막연히 상제님 진리는 맞고 또 믿고 싶은데 어떻게 해야 할지 모르던 저에게 길이 열리는 것 같았습니다!

그후 마산도장에 참여하면서 상담도 받고 주문 수행을 하면서 입도 결심을 굳히게 되었습니다. 입도 교육을 받으면서 막막하던 상제님 신앙이 뚜렷해 졌고 상제님 진리는 제가 계속 살아야 하는 이유가 되었습니다. 상제님과 조상님들께서 저를 선택해주셔서 정말 감사합니다. 그리고 참되고 진실된 도생이 되도록 최선을 다해 노력하겠습니다. ◎

수행으로 이명耳鳴을 치유하다

인터넷, 수행, 성주회, 조상님, 도공

정동섭(59)

전북 정읍시 / 무직 / 146년 음5월 / 파주금촌도장

군 복무시절 '개벽'이라는 책을 읽고 '우리나라가 세계의 중심국가가 된다'는 내용에 희열을 느끼고 있었지만 크게 동요하지는 않았습니다. 약간 허구적인 이야기라고 생각하고 있었기 때문입니다.

방송을 보며 개벽에 관한 내용이 가끔씩 방영되어도 큰 관심을 두지 않았습니다. 상생방송의 '신앙 에세이'나 수행체험 코너를 보면서 '저 종교는 도인들이 수행하면서 얻는 체험들을 방송하는구나' 하고 막연하게 생각했습니다.

하루는 유유자적한 마음으로 거리를 지나가고 있는데 40대쯤으로 보이는 여자가 다가와서 '복을 많이 받게 생겼네요'라는 말과 함께 '조상님의 덕을 많이 보겠네요'라고 말하였는데, '정말 내가 그런가?' 하며 기쁜 마음에 끌리게 되었습니다. 조상님에 대한 관심과 함께 그분에 이끌려 선방이라는 곳에 갔습니다.

그곳에서 조상님께 치성도 드리고 열심히 수도를 하였습니다. 하지만 이상한 일은 선방이라는 곳에는 간판도 걸지 않고 여기가 무엇을 하는 곳이고 어디라는 것을 알려주지 않았습니다. 제가 그곳에 있는 분들에게 여기는 어디이고 무엇을 하는 곳이냐고 물으면

미륵불교라고만 하고 그 다음은 얼버무리기 일쑤였습니다.

제가 그 종교를 비방하고 싶지는 않지만, 이상하리만큼 비밀이 많고 참으로 답답하고 묘하다는 생각이 들었습니다. 그들은 '조상님을 좋은 곳으로 잘 가시게 열심히 비세요'라고 하였습니다. 당연히 저는 조상님들께서 좋은 곳으로 잘 가시고 편안해지시라고 주문수행을 열심히 하였습니다.

주문을 모두 외워야 하지만 주문수행 문구는 밖으로 유출되면 안된다는 이유로 내주지를 않아 주문을 외우는 데 어려움이 있었습니다. 하지만 사실은 그 주문들은 인터넷상에 흔하게 있던 것이었습니다.

주문의 원문은 구하였으나 또 다시 주문 외우기에 어려움을 느껴 인터넷상에서 MP3 주문파일을 구했습니다. 그러다 한 블로그에서 '북두협객'이라는 닉네임을 사용하는 분의 도움으로 각 주문의 MP3 파일을 얻게 되었습니다.

하지만 선방에서 수행하는 주문과는 달라 실망했습니다. 메일로 MP3 파일을 보내주신 이후로 그분은 지속적으로 제게 도장을 찾으라고 하며 조금은 귀찮게(?) 했습니다. 그때마다 저는 핑계를 대며 미루고 미루고 하였습니다. 왜냐하면 저는 이미 선방에서 미륵불교라는 종교의 공부를 하고 있었으니까요.

선방에서 공부하고 수행하던 중 선각이라는 분(저를 처음 이끌었던 분)이 부천 지부에서 도력이 높은 분이 강연을 한다고 하여, 그분의 도력과 좋은 기운이 수행에 도움이 될까 하는 기대감에 같이 참석하였습니다. 사람들이 무척 많았습니다. 모인 사람들의 차림새를 보니 비록 풍족하지는 않지만 득의양양한 자신감과 얼굴에 행복한 미소가 가득 차 있었습니다.

하지만 이상한 일은 도력이 높다고 하는 분의 강연 중에 아무 느낌도 없었고 약간의 도력 기운이나 심지어 조그마한 기감氣感도 느끼지 못했습니다. 저는 과거에 기공 공부를 잠시나마 해서 기감을 갖고 있었거든요. 후에 알게 된 일이지만 '수행을 해야지 도력이 있게 된다'라는 우리 포정님 말씀처럼 수행을 하지 않고는 도력이 생길 수 없었습니다.

그리고 그곳의 간판에서 '성주회 부천지부'라는 것을 보게 되었습니다. 내가 소속된 곳은 성주회였습니다. 집으로 돌아와 인터넷을 열심히 뒤졌습니다. 성주회라는 곳은 대순진리회에서 분파된 한 종교단체이고, 대순진리회는 태극도에서 분파된 종교단체라는 것을 알게 되었습니다. 진리에 대한 탐구욕과 우리 조상님을 위한다고 하니 어렵지만 계속해서 공부와 수행을 하러 선방을 다녔습니다.

그 와중에 북두협객이라는 분은 자꾸 근처 도장을 가보라고 전화와 문자를 보내왔습니다. 저는 내심 '그래, 그렇다면 성주회와 증산도를 비교해보자'라는 생각으로 파주금촌도장을 방문하여 포정님을 뵙고 공부를 시작하였습니다. 도장 포정님은 친절하고 참 알기 쉽게 교육을 해주셨습니다. 집중하기도 수월해서 공부 하나하나가 귀에 쏙쏙 들어오니 즐거웠습니다.

공부와 수행을 하며 며칠 되지 않아 집에서 태을주 수행을 하던 중 이상한 일을 경험하게 되었습니다. 수행하는 중에 갑자기 미천한 저에게 이런 크나큰 은혜를 내려주시는 상제님과 조상님들께 감사한 마음이 들기 시작했습니다.

"모든 선령신들이 쓸 자손 하나씩 타내려고 60년 동안 공을 들여도 못 타내는 자도 많으니라. 이렇듯 어렵게 받아 난 몸으로 꿈결같이 쉬운 일생을 어찌 헛되이 보낼 수 있으랴. 너희는 선령신의 음덕을 중히 여기라. 선령신이 정성 들여 쓸 자손 하나 잘 타내면 좋아서 춤을 추느니라."(도전 2:119)라는 구절이 떠올라 적잖이 난감했습니다.

특히 '60년'이라는 글자와 '꿈결같이 쉬운 일생을 어찌 헛되이 보낼 수 있으랴'라는 글귀가 머리 위에서 뱅뱅 돌며 떠나지를 않았습니다.

말이 60년이지 인간으로서는 정녕 상상도 못할 일입니다. 60년 동안 빌고 빌고 또 빌어 손바닥이 뭉개지고 뭉개지셨을 조상님의 손이 떠오르며, 죄스럽고 고맙고 감사한 마음과 미약한 내가 조상님들의 기대에 미치지 못해서 혹여 누가 되지는 않을까 하는 생각이 떠오르며 펑펑 울고야 말았습니다.

다음 날 역시 집에서 수행을 하던 중 자발동공이 와서 수행 중에 몸을 흔들게 되었습니다. 과거 기공 공부를 하면서도 해보지 못했던 자발동공을 태을주 수행 중에 하게 된 것입니다. 처음에는 동공이 너무 심해서 이가 부러질까 걱정도 되었습니다. 몹시 불안하여 의식적으로 멈추고자 하면 할수록 동공은 더욱 강도가 높아지는 것 같았습니다. 동공을 하면 할수록 몸이 아파왔습니다. 그리고 조금씩 등 쪽으로 기맥이 열리는 것을 느낄 수 있었습니다. 백회가 처음 열리더니 좌측 뇌의 여러 곳에서 짧은 기맥들이 곳곳에서 열리고 어깨의 부분 부분이 시원한 느낌이 들면서 좌뇌의 여러 곳에서 청량감을 느끼게 되었습니다. 독맥의 여러 부분에서도 기가 관통하는 느낌이 들었습니다.

저의 자발동공은 주로 머리가 흔들리는 것입니다. 아마 태을주 수행이 아니고 다른 이유로 이렇게 장시간 과도하게 머리를 흔들어서 뇌척수액이 출렁이고 뇌가 흔들렸다면 부상이나 사망에 이르기도 했을 것입니다.

수행이 끝나면 멀쩡한 내 자신을 보며 신기했습니다. 부상의 위험도 있었지만 저는 전혀 걱정하지 않았습니다. 저는 할 말이 충분히 있었습니다. 만일 수행 중에 제가 부상이나 사망하게 된다면 그것은 순전히 상제님 책임이니까요….

제게는 어릴 적부터 숙명과도 같은 이명耳鳴(속칭 귀울림)이 심하게 있었는데 이것은 양의학에서는 손도 못 대거니와 한의학에서도 다루기 어렵고 치료가 잘 되지 않는 병이라 숙명으로 생각하고 제 몸에 간직하고 있었습니다.

저의 이명, 그것은 마치 기계가 바로 옆에서 돌아갈 때 나는 소리들 듣는 듯한, 전철이 바로 옆으로 지나가는 소리 절반 정도의 소음을 평생 24시간 듣고 있어야 하는 고충이었습니다.

사실 너무도 오랫동안 듣고 있으려니 제 친구처럼 친숙한 내 인생의 동반자처럼 생각하고 느끼는 때도 있었습니다. 제 나이와 비슷한 분들은 평생의 지병을 안고 지내시기도 합니다. 정도가 그리 심하지 않은 사람들은 밤에 그것이 울린다고 하는데 저의 경우는 하루 종일은 물론, 그것도 대화하는 중에 심한 이명을 느끼니 대화 중에 귀울림의 음높이와 상대방 음성의 음높이가 섞여서 분명한 발음을 알아챌 수가 없었습니다. 그러므로 저는 '말귀가 어두운', 당시의 편견으로는 썩 똑똑하지 못한 사람으로 살게 되었습니다.

이명이 심했던 저의 약점은 집안이 가난해서 상급학교로 진학을 포기하고 기술이라도 익히고자 했던 저에게는 가혹하고 험난하기만 했던 인생행로를 걸어오게 하였습니다. 가난해서 불편하고 원하는 것을 얻을 수 없었지만, 지금 생각해 보면 억울하지도 않다는 생각이 듭니다.

그 이유는 저처럼 무력한 사람들이 상제님을 뵙기가 쉽다는 생각이 들었기 때문입니다. 제가 과거 나름대로 열심히 했던 기공 때보다 태을주 수행에서 더욱 높은 기감을 느꼈습니다. 이상하지요?

의념이라는 힘을 사용해서 열심히 기를 끌어들이는 기공보다 소리와 생각만 하는 태을주 주문이 왜 이리 강력할까요? 자발동공을 하던 얼마 후 가장 심했던 왼쪽 귀의 이명이 안 들려서 이상하다 싶어 주의 깊게 관찰해 보았지만 예전보다 그 강도와 빈도가 현저히 낮아진 것을 알 수 있었습니다.

하지만 오른쪽의 귀는 전보다 더욱 기승을 부려 정신이 혼미할 정도였습니다. 하지만 이 글을 쓰고 있는 지금, 이제 오른쪽 귀도 이명 발생 빈도와 강도가 예전보다 훨씬 낮아지고 있습니다. 그리고 완전히 없어지지는 않았지만, 이제는 제 인생의 동반자였던 이명이 점점 사라지고 있음을 느낍니다.

증산도 수행을 시작한지 얼마 되지 않아 저는 이렇게 크나큰 은혜를 받았습니다. 여러 곳의 기맥이 뚫리고 지긋지긋했던 이명이 곧 사라지리라는 희망을 갖고 있습니다. 이러하니 제가 상제님과 증산도를 사랑하지 않을 수 있을까요? 저는 제가 나태해지고 게을러져서 수행을 소홀히 할까 두려워하며 언제나 처음처럼 열심히 정진하고 싶습니다.

저를 증산도 도장으로 이끌어주신 북두협객 도생님과 저에게 상제님 진리를 친절하게 강의해 주신 포정님께 깊은 감사를 드립니다. 그런데 한 가지 의문이 머릿속에서 떠나지를 않습니다. 상제님께서는 왜 아직 입도도 하지 않은 저에게 이렇게 큰 은혜를 내려주시나 하는 것입니다. 도인으로 만들어 대개벽기에 사람들을 많이 살리는 상제님의 천지일꾼으로 쓰시려나요? 보은! ◎

개벽실제상황은
천기누설이 아닌 천지알림이다!

인터넷, 개벽실제상황, 상제님, 진리공부, 수행

김지동(58)

울산 울주군 / 프리랜서 / 146년 음7월
/ 울산옥현도장

아주 오래전부터 제가 하는 일들이 무언가에 의해서 계속할 수 없게 되어 버리는 것을 알았습니다. 안정적이던 회사도 입사한 지 얼마 안 되어 부도가 나 버리고, 호적등본이 필요하여 동사무소에 신청하고 대기하던 중 제 차례가 되면 전산이 갑자기 다운되어 발급이 안 된다고 내일 오라고 하는 등의 일들이 반복되었습니다. 그런 일이 일어날 때마다 '또 무슨 일이 생길까?'라는 두려운 마음이 들었습니다. 이와 함께 앞으로 십 년 후, 이십 년 후 나이가 들면 어떻게 살아갈까? 이 세상은 어떻게 변할까? 앞으로 무슨 일이 일어날까? 하는 걱정을 많이 했습니다. 제가 보기엔 세계 인구는 계속 증가하고 생존 경쟁은 더 치열하고 지구는 더 뜨거워지고 인간의 탐욕은 끝이 없고 이기주의에 분쟁과 전쟁 그리고 테러까지 더욱 빈번하여 안전지대가 없어 보였습니다.

불안한 미래에 대해 암울한 생각에 미래에 대한 기록들을 인터넷에서 검색하기 시작했습니다. 여러 예언자들의 예언을 검색하는 과정에서 격암유록과 탄허스님의 예언을 보았습니다. 정역의 원리,

후천, 간방, 지축정립, 개벽 등의 새로운 내용들이 눈에 확 들어왔습니다.

이곳저곳을 검색하다 관련 책자를 무료로 보내 준다고 해서 연락처와 주소를 남겼습니다. 다음 날 처음 보는 번호로 전화가 왔습니다. 모르는 전화번호는 받지 않는 제가 덥석 받아 통화하니 어제 남긴 연락처를 보고 인터넷 관리자가 책을 보내 주겠다며 여러 가지 질문과 상담을 30분 가량 하게 되었습니다. 다음 날 『개벽실제상황』과 『천지성공』 책 두 권을 받아 기대와 호기심으로 차근차근 읽어나갔습니다. 생전 처음 보는 내용들이라 신비의 보물 상자를 여는 것 같았습니다. 내용 하나하나가 그동안 살아오면서 너무도 궁금해 가슴에만 묻어 둔 수많은 질문들의 답이 세밀하고 사실적으로 기록되어 있었습니다. 책 내용 구구절절이 흔히들 말하는 천기누설이 아니라 천지알림이라 생각했습니다. 실제로 인간 세상에 오신 옥황상제님. 그것도 우리 대한민국 우리 국민으로 오신, '강증산'이란 이름으로 오신 하나님! 말로 표현할 수 없을 정도로 축복이라고 생각했습니다.

중요한 내용은 노트에 기록하며 한 장 한 장 『개벽실제상황』을 다 읽고 나니 대우주 속 지구에 수십억의 인간이 태어나고 죽고를 반복하였을텐데 지금 현재 제가 이 땅에 살고 있다는 게 행운 중에 행운이요, 축복 중에 최고의 축복이라 생각했습니다.

책을 다 읽고 맨 뒷장을 넘겨 보니 '증산도 주요도장 안내'라고 있

고 도장 명칭과 연락처가 있었습니다. 울산옥현도장과 통화되어 방문을 하였습니다. 김재오 수호사님의 친절한 상담으로 증산도와의 인연이 시작되었습니다.

대우주 통치자이신 상제님의 일꾼이 되기를 결심하고 그동안 해왔던 대리운전을 바로 그만두고 2016년 7월 3일부터 새벽수행과 증산도에 대한 팔관법,『개벽실제상황』정리교육을 매일 오전 2~3시간씩 한 달간 이수하였습니다. 또 상제님 어천치성, 자체 수요치성, 일요치성에 참여하며 여러 절차를 거쳐 입도하게 되었습니다.

대부분의 도생님과 수호사님은 이미 몇십 년 전에 증산도를 알고 일생을 바친 분들이었습니다. 참으로 부러웠습니다. 나는 왜 이제야 알게 되었는지... 너무 늦게 증산도를 알게 된 것을 자책했지만 "나중 난 뿔이 우뚝할 수 있느니라. 오로지 일심으로 닦고 혈심으로 일하는 자가 큰 복을 받으리로다."라는 상제님 말씀을 가슴에 새기며 선배 도생님들과 함께 부끄럽지 않은 신앙인이 되겠습니다. ◎

"일평이가 동아줄이니
일평이를 잡소"

인터넷, 정성수행, 조상님, 신도세계

정일평(59)

전남 완도군 / 자영업 / 146년 음7월 / 목포옥암도장

아! 입도에 즈음한 이 마음을 어찌 말로 다 표현할 수 있을까요. 제 나이 정유생丁酉生, 60살에 철들었다고 말하면 남에게 코웃음, 비웃음을 받겠지만 어쩌란 말입니까. 입도수기를 계기로 60인생을 반추해 봅니다. 남해안의 조그마한 섬(완도군 청산도)에서 4남 1녀 중 차남으로 태어나신 부친께서는 당시에 꽤 규모가 되는 어업에 종사하신 할아버지를 도와 살림을 꾸리고 계셨습니다. 부친은 다른 두 숙부와는 다르게 백부님과 함께 자식이 없는 고통 이외에는 비교적 넉넉한 살림이었습니다. 할아버지께서 일평日坪과 일영日英으로 이름을 지어 놓으시고 양가의 씨종자 하나씩만을 바라시며 해마다 이루어지는 당산제 담당을 수년간 아버지가 맡게 하셨습니다. 그렇게 아들 하나만을 소원하던 중 아버지 44세, 어머니 40세에 자식을 보았습니다. 어머니께서 두 이름 중에 일평으로 선택하셔서 할아버지께서 제 이름을 일평으로 하시고 다음 해에 태어난 사촌동생은 일영으로 하셨습니다. 두 이름을 미리 지어 놓으셨던 할아버지와 아버지의 소원이 이루어진 것입니다. 부모님의 자식 교육 열

정으로 저는 12세에 목포로 유학을 와서 청소년기를 보냈습니다. 청년기에 접어들어 저는 그야말로 유랑객처럼 한군데에 정착하지 못하고 직업을 찾아 광주, 부산, 서울, 안산 등을 유랑하는 생활을 하였습니다. 그러던 중 지독히도 정성스럽게 교리에 얽매여 생활하는 기독교 교파의 효심 있는 처자를 만나 결혼 생활을 하던 1989년 어느 날 후배로부터 『다이제스트 개벽』 책을 받게 되었습니다.

이때 여러 가지 복잡한 일로 3년이 채 되지 못한 기간의 결혼 생활에 종지부를 찍고 또다시 유랑의 객이 되었습니다. 1992년 광주에서의 사업부도로 2000년경 경기도 안산으로 거처를 옮겨 조그마한 개인사업을 하였습니다. 그때 사무실 건물의 5층에 있는 증산도 안산중앙도장의 문을 두드려 다시 한 번 개벽에 관련된 책자를 구하여 보았습니다. 책을 읽는 중 진리의 갈급증에 인터넷을 뒤지다가 현재 청주우암도장 이재룡 수호사님을 만나게 되었습니다.

당시 대전에 계시던 이재룡 수호사님을 바로 만나기를 청해 식사를 하고 안산상록수도장으로 인도되어 2008년 3월에 입문을 하였습니다. 하지만 그때 제 마음은 학문적으로만 증산도를 접했고 본질은 뒤로한 명목상의 증산도인이었습니다. 그 후 어머니가 연로하여 4년 전에 다시 목포로 거처를 옮겨 마지막으로 택한 직업이 결실을 맺어가던 2016년 6월 말경이었습니다. 저는 직업상 매일매일 상품을 선택해야 하는데, 도저히 제 힘만으로는 할 수 없는 한계를 느끼면서 참마음으로 수익이 좋은 상품 종류를 선택할 수 있는 지혜를 얻기 위해 수행을 하고 싶다는 생각이 들어, 이재룡 수호사님 뵙기를 청했습니다.

2016년 7월 12일 이 수호사님과 목포옥암도장 수호사님을 뵙고 난 후 7월 13일부터 21일 새벽정성수행을 결심하고 정진하였습니다. 정성수행 중에 돌아가신 아버지가 꿈에 오셔서 온화한 얼굴로

"먼 길 돌아 오느라 고생 많았다."고 하셨습니다. 아버지께서 돌아가시고 그동안 3, 4번 꿈에 보이셨을 때는 아무 말씀도 없으셨습니다. 21일 정성수행을 마치고 다시 100일 정성수행에 들어갔습니다. 그리고 입도를 결심하고 수호사님과 진리공부를 하면서 조상님 천도식을 올려 드려야겠다는 생각이 들었습니다. 조상님 천도식을 올리겠다고 마음먹은 그날 밤 다시 아버지께서 오셨습니다. 제가 횡단보도를 건너기 위해 신호를 기다리고 있는데 돌아가신 양모님의 손을 잡고 건너편 계단을 내려와 저의 집 방향으로 걸어가시면서 아버지께서 양모님께 하시는 말씀이 또렷이 들렸습니다. "일평이가 동아줄이니 일평이를 잡소." 하셨습니다. 그리고 제 옆을 서성이던 5, 6세 정도의 소녀가 있었는데 정체가 궁금하여 누님에게 물어봤더니 제가 태어나기 1년 전에 돌아가신 누님이 계신다고 하여 제적등본을 확인해 보니 사실이었습니다. 이것은 정말 저로서는 놀라운 경험이었습니다. 평소에 꿈을 꾸지 않던 제가 새벽정성수행을 하면서 돌아가신 조상님 여러 분들을 뵙게 되어 신도세계를 인정할 수밖에 없는 결정적인 계기가 되었습니다.

신도세계! 그토록 한 번쯤 경험해 보고 싶었지만 한편으로 두렵고 또 한편으로는 신기한 마음으로만 여겼던 신도세계와 신인합일神人合一을 생각해 볼 때, 실로 저와 함께 호흡하고 계시는 선령님들의 모습을 보는 듯합니다. 2016년 병신년 8월 28일(음력 7월 26일) 입도와 조상천도식을 함께 준비하며 깊은 생각에 잠겨 봅니다. 앞으로 상제님 일꾼으로서 해야 할 일들을... 백절불굴의 정신으로 일심一心, 일심一心, 일심一心이 변하지 않도록 더욱 새벽정성수행에 정진하겠습니다. 앞으로 다가올 후천선경을 향해 6임을 완수하는 진정한 태을랑으로 거듭날 수 있도록 성경신을 다하여 태을주 수행을 하고 의통조직의 일원으로 임무를 다할 것을 다짐해 봅니다. ◎

증산도는 큰 행운이자
하늘의 축복

인터넷, 정성수행, 신도체험, 조상님

정애자(46)

중국 길림성 훈춘시 / 주부 / 145년 음6월
/ 안산상록수도장

　저는 타국에서 살다가 2013년 6월 15일에 한국에 오게 되었습니다. 남부럽지 않게 살려고 한국에 나왔었는데 생각보다 몸이 많이 지쳤습니다. 그러다 보니 갑상선 수술도 하고 마음처럼 일을 못하고 있었습니다.

　그러던 어느 날 밤 대순진리회를 신앙하는 막내 동생이 언니도 아프면 신경만 쓰지 말고 태을주를 읽으라고 권하였습니다. 무의식 중에 인터넷을 열고 태을주에 대해 알아보기 시작했는데, 무언가 그냥 자석처럼 자꾸 끌려서 태을주, 운장주에 대해 더 심도 깊게 알고 싶어 더욱 더 파고들게 되었습니다. 그러던 중에 고○○ 성도님의 전화번호를 알게 되었습니다. 한참 고민하다가 전화를 걸어보니 전화 받는 분이 여자 분이고 목소리를 듣는 순간 믿음직한 느낌이 들어서 한번 만나봐야겠다고 생각하고 며칠 후 동생 집하고 가까운 인천구월도장과 제가 살고 있는 안산의 상록수도장에 방문하게 되었습니다.

　상제님께서는 조상님의 음덕과 삼생의 인연으로 나를 믿게 된다고 하셨습니다. 지금 와서 생각해보면 큰 행운이자 하늘의 축복이라고 생각합니다. 도장에 계시는 책임자 분의 말씀을 듣고 그 동안 가지고 있던 궁금증을 풀고 나서 21일 정성공부를 하기로 결심하게 되었습니다.

저는 올해 46세로 그동안 철도 모르는 철부지 인생을 살아왔습니다. 아무것도 모르는 저에게 상제님 진리를 공부하는 하루하루가 아주 즐거웠고 뜻깊은 날이었습니다. 물론 태을주 수행을 하면서 많은 걸 체험하고 느끼게 되었습니다. 저는 이제까지 살아오면서 일도 별로 못해보았습니다. 어려서부터 몸이 안 좋아서 항상 아프다 보니 집에서도 일을 안 시켰고 계속 약 보따리를 안고 살았습니다. 한국에 와서 수술을 세 번 정도 하고 나니 몸도 마음도 병들어 갔습니다.

몸이 아픈 건 자기 운명이고 자기 업보인데, 저는 늘 남편 탓을 하고 때로는 부모님도 원망하였습니다. 하루하루가 귀찮고 사는 게 아무 의미도 없게 느껴지고 짜증만 났습니다. 얼굴은 말이 아니게 칙칙해졌고 마음 한구석이 항상 불평으로 꽉 차 있었습니다. 돈이면 뭐든 해결할 듯해서 잘사는 사람들을 부러워하기도 하고 시샘도 내고 미워하기도 하였습니다.

하지만 도장에서 매일 정성공부를 하게 되면서 여러 가지 체험을 하게 되었습니다. 태을주 수행을 하던 중 태상종도사님을 만나 뵙고 종도사님도 만나 뵈었습니다. 또 어느 하루는 우리 조상님들께서 기뻐하시는 듯 춤을 추는 모습이 보였습니다. 저에게는 너무 충격이었습니다. 몸도 없이 손만 보이는데 마치 영화를 보는 듯하였습니다.

수행을 하고 나면 저의 마음도 많이 가벼워지고 기쁨으로 가득 찼습니다. 태을주 수행을 하면서 아주 맑은 기운을 내 몸에 받아 내려 지금은 머리가 아주 맑고 딴 세상에서 사는 것 같습니다. 가끔씩 아직도 일상생활에서 옛날의 나쁜 습관이 표출되기는 하지만 지금은 나 자신이 지난날과 달라져 있다는 것을 깨닫고 있습니다. 약을 한 줌씩 먹던 걸 다 줄였고, 얼굴이 좋아지고 마음도 편하고 집안이 화평해졌습니다.

이렇게 돈으로도 살 수 없는 행복을 얻은 느낌은 말로 다 표현하기 힘들 정도입니다. 예전에도 살면서 늘 비우자, 비우자 하며 마음을 비워내려고 애를 썼지만 그것이 잘 되질 않았는데, 진리공부를 하면서 오직 상제님, 태모님의 생명의 말씀과 진리로만 제 문제를 깨우칠 수 있었습니다. 만사여의 태을주, 만병통치 태을주, 바로 이 '약주문'으로만이 몸과 마음의 병을 치유할 수 있다는 것을요.

드디어 정성공부 21일을 마감하는 날, 저희 조상님 한 분이 제 앞에 와서 손바닥에 무언가를 얹어주고 가셨습니다. 도공 수행 중에는 저의 오른편에서 용머리가 나타나고, 왼편에는 강에 큰 빗방울이 후두둑 후두둑 떨어졌는데, 마치 많은 사람들이 줄지어 나란히 앉아있는 것 같았습니다. 참으로 가물은 땅에 단비를 내려주는 하늘의 축복 같은 느낌이 들었습니다.

이 체험은 제게는 너무도 감동스러웠고 신기하기도 하였습니다. 그리고 마음속으로 굳게 다짐했습니다. '나도 상제님의 천지일꾼이 되어 원시로 반본하여 군사부 일체하는 거룩하신 상제님의 상생의 대도를 일심으로 잘 닦아 괴로움에 신음하는 억조창생을 널리 건지고 의통성업 이룩하는 큰 일꾼이 되겠노라'고 말입니다.

아무튼 저를 이 세상에 태어나게 해주시고, 지금껏 보살펴주시고, 마침내 상제님의 무극대도를 만나게 해주신 조상님께 깊이 감사드립니다. 그리고 여동생도 꼭 종통을 바르게 찾아서 증산도로 들어올 수 있도록 하겠습니다.

그리고 저를 안산 상록수도장에 인도해주신 인도자 분과 도장에서 교육을 시켜주시고 보살펴주신 모든 성도님들께 감사드립니다. 앞으로 열심히 노력하여 은혜에 꼭 보답하는 사람이 되겠습니다. 고맙습니다. ◎

나도 상제님의 천지일꾼이 되어
원시로 반본하여 군사부 일체하는
거룩하신 상제님의 상생의 대도를 일심으로 잘 닦아
괴로움에 신음하는 억조창생을 널리 건지고
의통성업 이룩하는 큰 일꾼이 되겠노라.

지구촌 세계 신질서의 큰 기틀을 짜심

현하대세를 오선위기(五仙圍碁)의
기령(氣靈)으로 돌리나니 두 신선은 판을 대하고
두 신선은 각기 훈수하고 한 신선은 주인이라.
주인은 어느 편도 훈수할 수 없어 수수방관하고
다만 손님 대접만 맡았나니
연사(年事)에 큰 흠이 없어 손님 받는 예(禮)만
빠지지 아니하면 주인의 책임은 다한 것이니라.
바둑을 마치고 판이 헤치면 판과
바둑은 주인에게 돌아가리니
옛날 한 고조(漢高祖)는 마상(馬上)에서
득천하(得天下)하였으나 우리는 좌상(坐上)에서
득천하하리라." 하시니라.

(증산도 道典 5:6)

특별부록

家庭道場
가정 도장을 찾아서

후천 선경세계는 가가도장(家家道場)이요, 인신합덕(人神合德)으로 인인(人人)이 성신(聖神) 되어 만백성이 성숙하고 불로장생하는 무궁한 조화낙원이라. (증산도 道典 7:1)

가족은 삶의 안식처이자 내 생명의 뿌리입니다. 다가오는 가을개벽의 문은 가족 모두가 손에 손을 잡고 함께 넘어야 할 생명의 관문입니다. 온 가족이 함께 진리를 공부하고, 함께 신앙하며 다가오는 가을개벽을 준비한다면 더없는 축복이 될 것입니다. 증산도 도생들 중 가정 도장을 모범적으로 운영하고 있는 사례를 소개합니다.

일곱 가족이 만들어 가는 道房 문화

STB상생방송 '가가도장을 찾아서' 12회

우리 가족은 모두 7명!

김인태(아버지)
- 1969년 전북 군산 출생, 도기 122년 음4월 8일 입도,
전주덕진도장 부포감 봉직.
임종숙(어머니)
- 1981년 전북 김제 출생, 도기 128년 음5월 5일 입도,
전주덕진도장 부포감 봉직
첫째 김가희   (여, 17세, 도기 141년 7월 15일 입도)
둘째 김가은   (여, 12세, 도기 143년 11월 29일 입도)
셋째 김가을   (여, 10세, 도기 145년 10월 18일 입도)
넷째 김의성   (남, 7세, 입문)
다섯째 김가영 (여, 5세, 입문)

2016년 12월 어느 저녁 취재진은 전주시 완산구 동서학동에 위치한 김인태, 임종숙 도생의 도방을 찾아갔다. 아파트 1층 가정도장 문 앞에 마주 서면 'STB상생방송' 스티커가 큼직하게 붙어 있고 문을 열고 들어서니 집안으로 들어가는 내부 출입문 위쪽에 커다란 직사각형 목판에다 한자로 '가가도장家家道場' 이라 새긴 팻말이 눈에 들어왔다.

실내로 들어서서 왼쪽에는 벽면 전체를 책장으로 만들어 놓은 거실이 있고 오른쪽에는 부엌과 천신단을 모신 도방이 자리 잡고 있었다. 앞쪽에는 부부와 아이들이 쓰는 방이 위치하고 있다. 오른쪽 끝에 있는 신단방은 정면에 상제님과 태모님이 모셔져 있고, 우측에는 태상종도사님의 존영이, 좌측에는 태을천상원군님과 조상선령신의 위패가 나란히 걸려 있었다.

진리를 만나기까지

스승을 찾던 막내둥이

김인태 도생은 전북 군산에서 3남 1녀 중 막내로 태어났다. 귀여움을 듬뿍 받고 자랐을 이 막둥이 소년은 10살 전후부터 평범한 또래와는 다른 생각과 고민을 안고 살았다. "인간은 왜 죽는 거지? 왜 인간으로 태어났을까? 나는 무엇일까?"와 같은 삶의 본질적 의문은 기본이고, "이렇게 있는 우리나라 외에 북한은 왜 존재할까?"라는 다소 역사적인 질문이나 "분명히 신선은 계실 거야.....스승으로 모실 분을 만나야 되는데 어디 계실까?"와 같이 엉뚱해 보이는 고민도 하면서 조금은 특이한 어린 시절을 보냈다. 김 도생은 이런 고민을 풀어 보려고 어릴 적에 교회나 절에도 가보았지만 채워지지 않는 갈증과 궁금증은 더 깊어만 갔다고 한다.

그 후 10년쯤 지난 뒤 군에 입대한 김 도생은 둘째 형님(군산조촌도장 김진석 도생)이 병영으로 보내 준 『증산도의 진리』책을 통해 상제님 진리를 만났다. 이후 도문에 입도하면서 비로소 어린 시절부터 품은 모든 궁금증들이 풀렸다고 한다. 또 증산도 진리를 통해 자신이 어린 시절 그토록 찾았던 스승님이 우리나라에 계시다는 사실을 깨닫게 되었다. 제대 후 김 도생은 입문 과정을 거쳐 1992년 4월 8일 드디어 증산도에 입도하게 되었는데, 김 도생은 당시의 느낌을 '거부감 없는 충격'이었다고 표현했다. 그리고 도장을 처음으로 방문했을 때 자신을 환한 미소로 반겨 주던 도생님들의 모습이 25년이 지난 지금도 뇌리에 생생하게 남아 있다고 한다.

봉사활동에서 만난 진리

아내인 임종숙 도생은 전북 김제시 금구에서 1남 2녀 중 장녀로 출생하였다. 임 도생은 1997년 고등학교 1학년 겨울방학 때 친구의 권유로 신태인에 있는 보육, 장애시설에서 2박 3일간의 봉사활동을 하게 되었다. 그때 만난 봉사자 중 한 사람이 임 도생에게 앞으로 일어날 지구의 '지축정립'에 대해 이야기해 주었다고 한다. '지축정립'은 우주 자연 질서의 변화인데 그 과정에서 수많은 사람들의 안타까운 희생이 불가피함을 말했고, 그렇게 큰 위기의 상황 속에서 살 수 있는 방법이 있다며 책 한 권을 건네주었다. 봉사활동을 마치고 귀가하여 확인해 보니 그 책은 『다이제스트 개벽』이었다. 책 내용은 이제까지 살면서 들어 보지 못한 충격적이고 신비로운 내용들이었다. 처음엔 내용이 어렵기도 했지만 정말 이런 일들이 일어날까 하는 의문이 많이 들었다. 또 한편으로는 정말 이런 일들이 일어난다면 어떻게 대처해야 하는지에 대해 많은 생각이 들

었다고 한다. 얼마 후 책을 준 이에게서 연락이 왔고, 그와의 대화를 통해 그 재난을 바르게 준비하고 극복하는 방법을 알려주고 실천하는 곳이 증산도임을 이해하였다. 드디어 고민 끝에 정읍에 있는 정읍연지도장을 찾게 되었다.

초발심의 열정과 인연

강렬했던 첫 체험

입도 후 김 도생은 대학교를 휴학하면서 샤니 빵 제품을 1톤 트럭으로 가게에 납품하는 장사를 하게 되었다. 그 와중에도 일요치성 때는 먼저 참석하여 도장 청소를 하면서 신앙의 초심을 키워 나갔

다. 이후 장사를 그만두고서 도장 상주 생활을 하게 되었는데, 어느 여름날 수행을 하면서 지금도 기억이 나는 강렬한 체험을 하게 되었다. 태을주 수행이 유독 너무나 하고 싶은 날이었는데, 사배심고 하는 시간이 약 한 시간 정도 걸릴 정도로 참회의 눈물을 흘리면서 도장 도생 한 분 한 분을 위해 기도하였다. 수행을 한 지 한두 시간이 흘렀을까, 갑자기 어떤 기운이 허리와 목을 통과하면서 뒤쪽으로 백회를 거쳐 엄청난 진동이 일어났다. 놀라서 살펴보니 몸이 가벼워지고 어디 있는지 모를 지

경으로 황홀경에 휩싸이고 자신의 몸을 중심으로 운무와 같은 기의 흐름이 돌기 시작했다. 두 눈을 감고 훔 소리만 내도 이런 현상이 반복되었다. 김 도생은 이것이 신앙에 있어 마음가짐과 참회의 정신이 얼마나 중요하고 깊은 것인지를 깨닫게 한, 너무나 충격적이고 황홀한 체험이었다고 했다.

대학 졸업 후 김 도생은 2년 동안의 직장 생활을 청산하고 봉직일꾼에 지원해 정읍연지도장에서 봉직하게 되었다. 그 후 전주의 삼천도장으로 이동 발령이 나면서 그때 이후로 계속 전주 지역에서

"제가 성장하면서 늘 들었던 얘기가
'너희들은 천상에서 사명을 받고 왔다.
엄마 아빠하고 사는 한은
신앙 중심으로 살아야 한다는 말이었습니다."

신앙을 이어 오고 있다.

임 도생은 고등학교를 졸업하고 전주에서 대학을 다니게 되면서 전주삼천도장으로 적을 옮겨 신앙을 하게 되었다. 마침 이때 정읍에서 함께 신앙을 했던 김 도생이 이곳으로 이동 발령이 나면서 임 도생의 낯설은 도장 적응을 도와주었다. 『도전』을 챙겨주고 부족했던 진리 교육을 다시 받게 하며, 또 도장의 신앙 활동에 최대한 참여할 수 있게 배려해 주었다. 이러한 정성과 인연이 바탕이 되어 김 도생과 임 도생은 서로부부의 연을 맺게 되었다. 두 사람은 결혼 후 슬하에 5명의 자녀를 두고 단란한 신앙 가정을 이루고 있다.

태을주 수행의 은혜

사고의 고통을 태을주로 극복하다
김 도생은 건설 현장에서 일하며 가족의 생계를 유지했는데, 지병처럼 아팠던 허리와 근육이 잘못 맞은 주사로 인해 좌골신경통과 허리디스크 합병증으로 악화되는 사고가 발생했다. 좌측 다리가 옆으로 움직이질 않았다. 병원과 한의원에서도 뾰족한 방법이 없다고 했다. 이로 인해 경제적 어려움이 더욱 가중되었지만 김 도생은 절망하지 않았다. 오직 태을주를 집중해 읽으면서 여러 공원에 있는 체육시설을 돌아다니며 재활치료를 대신했다. 비가 오나 눈이 오나 근력운동과 치료에 매진한 결과 7개월 만에 완치하게 되었는데, 병원에서는 믿기 어려운 일이 일어났다는 반응을 보였다.

그로부터 2년이 지난 후, 현장에서 그라인더 작업을 하던 중 오른쪽 손목의 인대와 핏줄이 끊어지는 심각한 부상을 당했다. 다행히 장갑에 그라인더 날에 걸리고 그라인더 줄이 몸체를 휘감아 더 이상 앞으로 나가지 못했기 때문에 손목이 절단되는 불상사는 막을 수 있었다. 하지만 오른손을 다치다 보니 많은 어려움이 뒤따랐다. 산재보상으로 5개월까지 치료는 받았지만 10개월 넘게 경제활동을 할 수 없었다. 생계의 위협에 직면한 김 도생은 치료조차 제대로 안된 굳은 손으로 다시 일을 시작했는데, 그로부터 2개월 만에 이번에는 사다리에서 떨어져 왼손 손목이 꺾이는 부상을 당했다.

연이어 찾아온 시련의 그림자는 태을주 도공수행의 조화로 극복할 수 있었다. 종도사님께서 전국을 순방하면서 도생들에게 태을주 도공을 전수해주시는 행사가 그 역할을 했다. 김 도생은 3차 순회도공 행사에 참여하면서 강력한 도공 기운으로 다친 왼손이 깔끔히 치유되는 은혜를 받게 되었다. 그리고 2016년 10월에 있던 5차 순회도공 시에는 더욱 강력한 도공 치유 기운을 받았다. 그때 약 한 시간 정도 머리 위로 강력한 기둥 같은 도공 기운이 내리꽂히는 것을 느꼈으며, 엄지와 검지와 중지에 전기가 흐르는 것처럼 찌릿찌릿 하다가 벌레가 기어가는 것처럼 간지러움이 반복되었다. 도공이 거의 끝나 갈 즈음에 그라인더에 다친 오른손을 자연스럽게 쥐어 보니 힘이 들어가

면서 주먹이 쥐어졌다. 김 도생은 1년 6개월 만에 힘껏 쥐어진 오른손을 보면서 기적이 아닌가 하는 생각이 들 정도로 너무 기뻤다고 했다. 태을주 조화의 은혜로 아픈 몸이 치유되는 걸 경험하면서 김 도생은 16년 전 동료 도생의 암 치유 신유를 하던 기억과 체험들, 그리고 20여 년 전 풍에 걸려 잘 걷지도 못하는 노년의 여성을 2분 정도의 신유로 치유했던 기억이 떠올랐다고 한다.

엄마와 딸이 체험한 영적 세계
임 도생은 신앙 과정 중 신유를 하면서 체험했던 이야기들을 들려주었다. 특히 남편인 김 도생과 함께 16년 전 암에 걸린 강○○ 도생을 신유할 때의 세 가지 영적 체험은 처음 겪는 일이어서 기억에 생생하다고 한다.

먼저, 신유 중에 몸이 으스스해지고 음산해지면서 동물 소리, 낙엽 소리, 바람 소리, 새 소리가 들렸는데, 알고 보니 그 집터가 공동묘지였다고 한다.

두 번째는 하늘색 신생아 양말 한

켤레와 바람 빠진 작은 풍선 모양을 한 슬픈 표정의 눈코입이 보였는데, 확인해 보니 당시 치병을 위한 천도식이 준비 단계였을 때는 영유아의 위패가 없었다가 천도식 당일에는 영유아 위패를 모시며 치성을 한 사실이 있다고 하였다. 세 번째는 신유를 하고 있는 도생의 어깨에 남자 아이들이 하나씩 앉아 환자인 강 도생의 몸에 빨대를 꽂아 빨아 먹는 모습을 하고 있었다. 며칠 후 병원에서 검사 결과 암 덩어리 크기가 많이 작아졌다는 소식을 들었던 기억이 있다. 막 신앙을 시작한 신입신도로서 이런 영적 체험을 한 것이 너무 신기하였으나, 그 도생은 암을 완전히 치료하지 못하고 돌아가신 안타깝고 슬픈 체험이었다고 한다.

반면 5살 먹은 막내딸 가영이가 얘기하는 체험은 놀랍고 신기한 부분이 많다. 평소 씩씩하게 태을주를 잘 읽는 가영이는 잠자리에서도 태을주를 자장가 삼아 듣곤 하는데 어느 날 자고 일어나서는 "엄마, 상제님 태모님이 오셔서 자고 가셨어."라고 하는가 하면 지난 12월에 있었던 금산사 성지순례에 다녀와서는 갑자기 책장에서 『증산도 이야기 도전』 책을 꺼내더니 "엄마, 이것 봐." 하면서 미륵불 그림이 나오는 쪽을 펼쳤다고 한다. 그리고 가족 누구도 평소 진리에 대해 한 번도 가르친 일이 없는데도 어느 날은 진리 관련 책을 꺼내 우주일년 도표 그림이 나오는 쪽을 펼치더니 손으로 가리키며 "사고가 많이 났어..." 라고 중얼거린 일도 있었다. 지난 10월에 있었던 5차 순회도공 시에는 가영이도 함께 현장에 참석

가족이 함께 도공 수행을 하는 모습

을 했는데, 아빠인 김 도생에게 "아빠 옆에 키가 큰 사람들이 많아."라고 알려주기도 했다. 천진난만한 막내딸은 귀여운 재롱둥이이기도 하지만 이렇게 가끔씩 가족을 놀래키는 일이 있다고 한다.

가정 도장을 꾸미고

도방을 마련하고 신단을 꾸며
결혼 후 월세와 전셋집, 좁은 주공아파트를 전전하던 일곱 식구는 2016년 2월 전주 남고산 아래에 위치한 30평 아파트에 입주하게 되었다. 이사 후 부부가 함께 어진

과 봉청수 신단, LED 촛대, 그리고 책꽂이를 만들었다고 한다. 신단방이 생긴 후 아이들은 스스로 집 옆에 있는 약수터에 가서 청수 물을 떠 온 후 봉청수를 하였다. 간혹 봉청수를 서로 하겠다고 다투는 일도 있는데 그 과정에서 5살 된 막내딸이 울음을 터트리는 일도 있다고 한다. 매일 저녁 식사를 마치면 온 가족은 천신단이 있는 도방에 모여 수행과 도공을 하는 것이 일상이 되어 있다. 아이들은 등하교 시나 외출 전후에는 신단방에 들러 인사를 하고, 문구점에서 사온 사탕 하나라도 반드

도방에서 배례를 올리는 가족들 (뒷줄 왼쪽부터 시계방향으로 아빠 김인태 도생,
엄마 임종숙 도생, 첫째 가희, 셋째 가을이, 다섯째 가영이, 넷째 의성이, 둘째 가은이)

시 신단에 먼저 올리고 태을주를 읽은 다음 먹는 습관이 생겨났다. 누구의 강요가 없어도 아이들 스스로 신단방을 찾아 수행하는 문화가 일상생활로 자리를 잡은 것 같아 부모로서 무척 대견하고 감사하다고 한다. 도방이 화기가 무르익어 매일 저녁 정성수행을 하는 성소가 되었다는 점도 큰 은혜요 축복이라고 여기고 있다.

10년을 지속한 두 가지 도방 문화

이 부부 도생의 도방에는 10년 이상을 지속해 온 두 가지 신앙문화가 있다. 첫 번째는 아이들이 잘 때부터 아침까지 태상종도사님과 종도사님 성음의 태을주 CD를 틀어 주는 것이다. 첫째 가희가 5살 때 동화 테이프를 듣고 잠들었는데 무서운 꿈을 꿨다고 하기에 다음 날 태을주로 바꿔 주니 잘 잤다고 한다. 그때부터 지금까지 아이들의 잠자리에 꼭 태을주를 틀어 주고 있다. 하루는 이사를 온 지 얼마 안 되어 7살 난 아들이 잘 자다가 무섭다고 울며 일어났다. 옆집에서 가족끼리 자주 싸우는 편이고 그날따라 소리가 크게 들려서 깬 것인데, 임 도생은 일부러 태을주 소리를 크게 하고서 아들을 재웠고, 그 후로는 옆집에서 밤늦게 싸우는 일이 사라졌다.

두 번째는 공동 식고食告다. 이

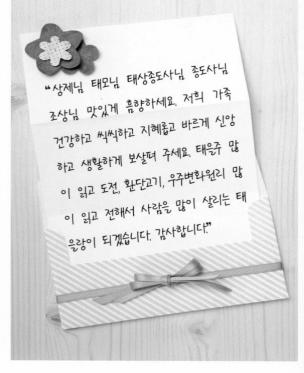

"상제님 태모님 태상종도사님 종도사님 조상님 맛있게 흠향하세요. 저희 가족 건강하고 씩씩하고 지혜롭고 바르게 신앙하고 생활하게 보살펴 주세요. 태을주 많이 읽고 도전, 환단고기, 우주변화원리 많이 읽고 전해서 사람을 많이 살리는 태을랑이 되겠습니다. 감사합니다."

식사 전에 모두 함께 '가족식고문'을 읽고 있다. 12년을 지속해 온 이 도방의 상징이다.

가정도장에선 또렷하고 정성스런 목소리로 공동으로 식고문을 읽는다. 그 유래는 이렇다. 오래전 임 도생은 저녁을 먹던 중 당시 4~5살쯤 되었던 첫째 아이가 눈을 감고 손을 모으며 식고를 올리는 모습을 목격했는데, 문득 "속으로 뭐라고 하고 있을까? 하고는 있나? 아니면 엄마 아빠가 하니까 흉내만 내는 거면 어떻게 알려 줘야 하지?" 하는 생각이 들었다. 남편에게 의논을 했더니 김 도생도 비슷한 생각을 하고 있었다. 그래서 식고를 함께 하며 가르치기로 했다. 처음 짧은 내용으로 소리를

내어 식고 기도를 드렸을 때 정작 부모는 쑥스러운 마음에 얼굴이 빨개졌다고 한다. 하지만 아이들의 반응은 좋았다. 그래서 용기를 내어 다시 가다듬고 3번의 수정을 거친 끝에 다음과 같은 현재의 식고문이 만들어졌다.

도문에서 강조되는 신앙 언어나 표어가 새로 등장하면 식고문에 첨가 반영하여 가족들 간에 공유를 거친 뒤 곧바로 암송을 하고 식사 때 함께 통성으로 적용한다고 한다. 둘째부터 5살 된 막내까지는 태어나면서부터 듣고 따라 하게 되었으며 지금처럼 가족 모두가 자

연스럽게 통성식고를 하게 된 것이 벌써 12년이 되었다고 한다.

변함없이 신앙의 초심을 기억하며

이 가족의 신앙력은 어디에서 나온 것일까. 김 도생은 이에 대해 이렇게 말했다. "참회와 기도를 통해 마음이라는 그릇에 담긴 아집, 이기심, 시기, 음해 등을 덜어내는 만큼 천지의 기운을 받는 것이 아닌가 생각합니다. 저를 도문에 인도하신 형님께서는 도장에 가는 순간부터 경건한 마음으로 청소하고 청수물 길러 봉청수를 하며 정성을 다해야 한다고 하셨습니다. 저에겐 추운 겨울에 꽁꽁 언 좁은 길을 물지게에 청수 두 통을 메고 걸었던 기억이 남아 있습니다. 그 기억이 신앙의 초심을 변함없이 이어 주는 힘이 아닌가 생각합니다. 앞으로도 그 마음과 교훈을 기억하며 살겠습니다."

이어 곁에서 내내 부모의 인터뷰를 지켜보던 첫째 김가희 도생은 엄마 아빠의 신앙에 대해 이런 말을 남겼다.

"부모님은 신앙에 있어 저의 롤모델입니다. 우리 5남매를 키워 주시느라 많은 고생을 하신 것도 잘 알아요. 신앙을 떠나서 두 분은 생활 자체가 진리 지향적이고 영적 감성이 많은 분들이세요. 제가 성장하면서 늘 들었던 얘기가 '너희들은 천상에서 사명을 받고 왔다. 엄마 아빠하고 사는 한은 신앙 중심으로 살아야 한다'는 말이었고, 특히 엄마는 '만약 엄마 아빠가 죽고 없더라도 증산도는 꼭 해야 한다'는 말씀도 하십니다. 저는 어릴 때부터 신앙 교육을 받으며 컸는데, 유치원에서 밥을 먹을 때도 다른 애들이 감사기도 올린다고 중얼거릴 때 저는 속으로 가족 식고문을 읽었어요. 엄마 아빠 사랑합니다."

큰 딸의 말에 이 가정의 현재 상황과 미래의 모습을 충분히 그려 볼 수 있었다. 이 가정에 천지일월 네 분 하느님의 축복과 조상선령의 가호가 항상 깃들기를 축원한다. 보은! ◎

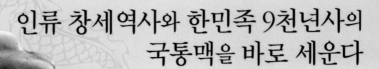

증산도 주요 도장

안내 1577-1691
교육문화회관 042-337-1691 대전광역시 대덕구 한밭대로 1133 (중리동)

태전 | 세종 | 충남

태전도안	042-523-1691
태전대덕	042-634-1691
태전선화	042-254-5078
태전유성	070-8202-1691
계룡	042-841-9155
공주신관	041-853-1691
논산	041-732-1691
당진읍내	041-356-1691
보령동대	041-931-1691
부여구아	041-835-0480
서산	041-665-1691
서산대산	041-681-7973
서천	041-952-1691
아산온천	041-533-1691
예산	041-331-1691
천안구성	041-567-1691
태안	041-674-1691
홍성대교	041-631-1691

서울

서울강남	02-515-1691
서울강북	02-929-1691
서울관악	02-848-1690
서울광화문	02-738-1690
서울동대문	02-960-1691
서울목동	02-2697-1690
서울영등포	02-2671-1691
서울은평	02-359-8801
서울잠실	02-403-1691
서울합정	02-335-7207

인천 | 경기

강화	032-932-9125
인천구월	032-438-1691
인천주안	032-429-1691
인천송림	032-773-1691
부천	032-612-1691
고양마두	031-904-1691
구리수택	031-568-1691
김포북변	031-982-1691
동두천중앙	031-867-1691
성남태평	031-758-1691
수원영화	031-247-1691
수원인계	031-212-1691
안산상록수	031-416-1691
안성봉산	031-676-1691
안양만안	031-441-1691
여주	031-885-1691
오산대원	031-376-1691
용인신갈	031-283-1691
의정부	031-878-1691
이천중리	031-636-0425
파주금촌	031-945-1691
평택합정	031-657-1691
포천신읍	031-531-1691

충북

음성	043-872-1691
제천중앙	043-652-1691
증평중동	043-836-1696
청주우암	043-224-1691
청주흥덕	043-262-1691
충주성서	043-851-1691
진천성석	043-537-1691

강원

강릉옥천	033-643-1349
동해천곡	033-535-2691
삼척성내	033-574-1691
속초조양	033-637-1690
영월영흥	033-372-1691
원주우산	033-746-1691
정선봉양	033-562-1692
춘천중앙	033-242-1691

부산 | 경남

부산가야	051-897-1691
부산광안	051-755-1691
부산덕천	051-342-1692
부산동래	051-531-1612
부산온천	051-554-9125
부산중앙	051-244-1691
언양	052-264-6050
울산옥현	052-276-1691
울산자정	052-281-1691
거제장평	055-636-1692
거창중앙	055-945-1691
고성송학	055-674-3582
김해내외	055-339-1691
김해장유	055-314-1691
남지	055-526-1697
마산	055-256-9125
밀양	055-355-0741

사천벌용	055-833-1725
양산북부	055-382-1690
진주	055-743-1691
진해여좌	055-545-1691
창원명서	055-267-1691
통영북신	055-649-1691
함양용평	055-962-1691

대구 | 경북

대구대명	053-628-1691
대구두류	053-652-1691
대구복현	053-959-1691
대구수성	053-743-1691
대구시지	053-793-1691
대구강북	053-312-8338
경주노서	054-742-1691
구미원평	054-456-1691
김천평화	054-437-1691
문경모전	054-554-1691
상주무양	054-533-1691
안동태화	054-852-1691
영주	054-636-1691
영천화룡	054-338-1691
포항대신	054-241-1691

광주 | 전남

광주상무	062-373-1691
광주오치	062-264-1691
강진평동	061-433-1690
나주남내	061-333-1691
목포옥암	061-283-1691

순천조례	061-745-1691
여수오림	061-652-1691
완도주도	061-555-1691
해남성동	061-537-1691

전북

군산조촌	063-446-1691
남원도통	063-625-1691
익산신동	063-854-5605
전주경원	063-285-1691
전주덕진	063-211-1691
정읍연지	063-533-6901

제주도

| 서귀포동홍 | 064-733-1691 |
| 제주연동 | 064-721-1691 |

해외도장

미국

워싱턴	1-703-354-0792
뉴욕	1-347-542-3554
로스엔젤레스	1-323-937-2535
달라스	1-972-241-2399
오클랜드	1-408-709-0045
시카고	1-773-332-6016
아틀란타	1-770-381-7600

독일

| 베를린 | 49-305-562-0043 |

일본

| 도쿄 | 81-03-5246-4143 |

오사카	81-6-6796-8939
고베	81-78-262-1559
아시야	81-797-25-7576

중국

| 홍콩 | 070-4696-0309 |

인도네시아

| 자카르타 | 62-816-131-2500 |

필리핀

| 마닐라 | 63-2-682-0413 |

증산도 본부에 전화로 문의하시거나 국
내외 증산도 도장道場을 방문하시면, 증
산도 진리에 대해 자세한 가르침을 받을
수 있습니다. 또한 증산도 공식 홈페이지
를 방문하시거나 증산도 케이블TV 방송인
STB상생방송을 시청하면 진리의 큰 틀을
알 수 있습니다.

증산도 본부

상담 전화
1577-1691

공식 홈페이지
www.jsd.or.kr

STB상생방송 홈페이지
www.stb.co.kr